20세기의 위대한
지휘자

차 례
Contents

아르투로 토스카니니

미워할 수 없는 스마트한 독재자

오케스트라 단원 처지에서 아르투로 토스카니니(Arturo Toscanini, 1867~1957)는 절대로 만나고 싶지 않은 지휘자이다. 독설과 폭언으로 리허설이 유독 시끄러웠던 그는 화가 나면 지휘봉을 꺾거나 악보를 찢는 것은 '애교'요, 손에 잡히는 물건을 닥치는 대로 집어던지는 일도 잦았다고 한다. 조금만 틀린 음이 나와도 'No, No'를 연발하여 오죽하면 별명도 '토스카노노'이다. 물론 리허설이라는 것이 하나의 'Yes'를 이끌어 내기 위해 수천 번의 'No'를 하는 작업이라고 하지만 단원들도 엄연한 인격체가 아니던가. 지휘자가 무소불위의 권력을 휘둘렀던 시절의 아름다운(?) 추억이라고 해야 할까. 토스카니니가 반파시스트로서 무솔리니를 혐오하여 미국으로 망명했다고는 하나 아이러니하게도 그의 음악에는 '독재의 향취'가 느껴진다. 어쩌면 그는 자신보다 더 못된 독재자의 꼴을 봐줄 수 없었는지도 모른다.

지휘자의 관점에서 뒤집어 생각하자면 본래 오케스트라는 군부대나 프로야구단과 마찬가지로 어느 정도의 독재는 허용되어야 하는 집단이다. 노조가 힘센 오케스트라치고 좋은 악단이 없다고들 한다. 토스카니니가 일궈놓은 고도의 합주력은 오케스트라에 기대할 수 있는 최고의 미덕이 되었고 오늘날 많은 지휘자들이 그의 완벽주의적인 이상을 추구하고 있다. 어떻게 보면 토스카니니가 오케스트라 합주력의 상향 평준화에 상당 부분 기여했다고도 볼 수 있다.

1867년 이탈리아 파르마 출신의 토스카니니는 극적인 데뷔로 유명하다. 엘리자베스 테일러가 오페라 주역을 맡았던 영화 「토스카니니」(프랑코 제피렐리 감독)는 이 이야기를 영화의 주제로 삼고 있다. 로시 오페라단 오케스트라의 첼로 주자였던 그가 브라질 리우데자네이루 투어에서 「아이다」 공연을 하던 무렵의 일이다. 이탈리아 악단에 브라질 출신의 지휘자 레오폴도 미구에즈를 내세워 흥행을 꾀했던 흥행사의 계획과는 달리 미구에즈는 무능함으로 인해 매 공연마다 실패를 안겨다 주었다. 그날 공연에서 지휘자는 이미 사임하여 극장에 없는 상황이었고 하는 수 없이 이탈리아 출신의 지휘자 카를로 수페르티 등이 대타로 나섰다. 하지만 관객은 크게 야유했고 아예 공연을 할 수 없는 상황이 되어버리고 말았다.

이때 단원들이 당시 악보 전부를 외우고 있었던 첼로 주자 토스카니니를 즉석에서 지휘자로 추대했다. 그때는 이미 오후 9시하고도 15분이 지난 시점이었다. 그렇게 하여 지휘 경력이 전혀 없는 젊은이에 의해 「아이다」가 시작되었고 관객들은 점차 놀라운 음악에 빠져들게 되었다. 야유와 해프닝으로 시작된 공연은 압도적인 환호성으로 끝나게 되었고 그로 인해 토스카니니는 20세기 최고 지휘자로서의 경력을 시작하게 되었다. 데뷔식을 치른 지휘자의 나이 겨우 19세 때의 일이다.

암보로 데뷔한 그답게 토스카니니는 암보 지휘를 통해 이탈리아의 극장을 하나하나 정복해갔다. 그의 암보력은 기네스북에 등재될 수 있을 정도로 경악할 만한 수준이었다. 음악의 멜로디나 흐름을 암기하는 기초적인 수준을 훨씬 뛰어 넘어 파트보 하나하나를 사진 찍듯이 외운 것이다. 목관 주자가 공연 직전 특정한 음을 연주하는 키(key)가 고장 났다고 당황해 하자 토스카니니는 "오늘 연주할 곡에서 그 음은 나오지 않으니 걱정하지 말게나."라고 하면서 단원을 안심시켰다고 한다. "토스카니니처럼 암보하지 않을 바에야 어설프게 외워서 지휘할 생각은 꿈도 꾸지 말라."라는 말이 괜히 나온 것이 아니다.

그는 1898년, 불과 31세의 나이로 밀라노 라 스칼라 극장의 수석 지휘자가 되었고 1908년부터는 미국으로 건너가 메트로폴리탄 오페라의 지휘자로 활동했다. 토스카니니는 음악적으로는 성공했을지 모르나 고집을 꺾지 않는 불같은 성격 탓에 늘 가수들, 경영진과의 불화가 끊이지 않았다. 관행적인 장식음, 페르마타(음을 2~3배 늘여서 연주하는 것), 앙코르 등을 배격하여 가수가 오로지 악보 안에서만 빛나도록 제한시켰다.

다시 복귀한 라 스칼라 극장에서 1922년 파시스트 찬가인 「지오비네차」의 연주를 거부하여 무솔리니의 눈 밖에 난 토스카니니는 우여곡절 끝에 미국으로 망명했다. 1937년 전적으로 그를 위해 NBC 심포니 오케스트라가 조직되고 지휘자는 새로운 전성기를 구가했다. 세계적 화제작인 쇼스타코비치 교향곡 7번 「레닌그라드」를 초연하여 큰 화제를 불러일으킨 때도 NBC 심포니 오케스트라 시절의 일이다. 1954년 4월 4일 87세의 토스카니니는 지휘 중 순간적인 의식장애를 겪었고 이것은 그의 마지막 콘서트가 되었다. 완벽주의자였던 지휘자는 당시의 충격으로 곧바로 은퇴했고 3년 뒤 1957년 1월 16일 뉴욕에서 영면했다.

토스카니니는 교향악과 이탈리아 오페라 두 장르 모두에서 진가를 맛볼 수 있다. 그는 많은 이탈리아 오페라의 초연 지휘자로도 유명한데 레온카발로 「팔리아치」 푸치니 「라 보엠」 「서부의 아가씨」 「투란도트」를 처음으로 무대에 올렸다. 특히 푸치니와의 우정은 실로 각별한 것이었다. 푸치니가 「투란도트」를 3막에서 류가 죽는 장면까지만 완성하고 세상을 떠나자 후배 작곡가 알파노가 나머지 장면을 새로 작곡해 채워 넣게 되었다. 알파노의 작업이 완료되고 마침내 「투란도트」의 역사적인 초연 날이 되었다. 토스카니니는 푸치니가 작곡한 곳까지만 지휘한 후 "푸치니 선생이 쓴 부분은 여기까지입니다."라고 말하고 퇴장했다. 작곡가에 대한 숭고한 존경의 표시로 오늘날까지 두고두고 회자되는 감동적인 일화다. 또한, 당시 그만큼 바그너를 멋지게 지휘한 이탈리아 지휘자도 드물었으니 가히 전천후 지휘자였던 셈이다.

초심자에게는 먼저 교향악 레코딩을 권한다. NBC 심포니 오케스트라를 지휘한 베토벤 교향곡 전집(RCA)은 다이내믹함, 에너지, 강렬한 악센트가 특징인 필수품(must-have)이다. 특히 홀수 번호에서 들려주는 쾌감과 매력은 시대를 초월한다. 1954년 멘델스존 교향곡 4번 「이탈리아」 레코딩(RCA), 1951년 베르디 「레퀴엠」 레코딩(RCA), 1953년 드보르자크 교향곡 9번 「신세계로부터」 레코딩(RCA), 1951년 레스피기의 「로마 3부작」 레코딩(RCA)은 놓치지 말아야 할 명반이다.

브루노 발터

손난로처럼 따스하게

'낭만적인 인간미'로 기억되는 브루노 발터(Bruno Walter, 1876~1962)의 만년 모습은 옆집 할아버지 같기도 하고 배우 이대근처럼 보이기도 한다. 그의 얼굴은 서양 사람이지만 왠지 모르게 동양인에 가까운 정감 가는 얼굴이다. 그래서일까, 발터는 오늘날 푸르트벵글러나 카라얀처럼 맹렬한 추종자를 거느리지 않는 다소 외로운 지휘자이기도 하다. 애호가들은 배려와 관용을 실현한 황희정승식의 유순한 지휘자보다는 '모난 돌' 같은 독재자 지휘자를 숭배하는 경향이 있기 때문이다.

브람스 교향곡 2번을 지휘하는 영상물을 보면 발터는 언제나 "노래하라."를 입에 달고 있다. 칸타빌레(노래 부르듯 연주하는 것)를 음악의 본질로 하는 그의 예술세계는 구조주의적인 '칼 비트'의 소유자 토스카니니나 '독일적인 엄숙'을 강요하는 클렘페러와 완전히 차별화되어 있다. 지휘에서 칸타빌레를 실현한다는 것은 무엇을 의미하는가? 지휘봉으로는 음의 시작점만을 알려줄 뿐이며, 칸타빌레는 음과 음 사이를 부드럽게 채워 넣는 작업을 의미한다. 즉, 지휘봉의 운영만으로는 구현하기 어려운 테크닉이다. 칸타빌레는 존재의 DNA와 같은 것이다. 음악의 본질을 구성하는 것으로, 레가토(악보에서 둘 이상의 음을 이어서 부드럽게 연주하라는 말)에 대한 감수성과 멜로디에 대한 애정 없이는 불가능하다. 지휘에 있어 궁극적인 지향점인 것이다.

브루노 발터는 1876년 베를린 태생의 독일계 유대인이다. 독일계 유대인의 운명은 참으로 가혹한 것이어서 독일인에게 그토록 박해를 받으면서도 정작 몸에 밴 독일문화는 버리지 못하는 존재다. 말러가 그랬듯이 발터 또한 아이러니하게도 독일문화를 자신의 문화로 알고 평생 독일문화를 발전시키는데 공헌한 인물이 되었다.

발터는 그의 본명이 아니다. 본명은 브루노 슐레징어로 발터라는 이름은 일종의 예명인 셈이다. 발터는 1894년 쾰른 오페라에서 로르칭의 오페라로 데뷔한 후 얼마 되지 않아 말러가 있는 함부르크 오페라 극장으로 가게 되었다. 그곳에서 말러와 인간적으로 교분을 나누었는데 그를 가까이서 관찰한 개인적 경험은 훗날 말러에 대한 회고록을 작성하는 데 중요한 근간이 되었다. 말러를 가리켜 "E.T.A. 호프만의 환상소설을 탐독한 소년이 상상할 수 있는 흥미롭고 악마적인 그리고 위협적인 카펠마이스터 크라이슬러의 화신"으로 근사하게 묘사한 이도 다름 아닌 발터이다. 1900년에는 베를린에서 지휘활동을 했고 1901년부터는 말러가 음악감독으로 있었던 빈 궁정 오페라 극장에서 말러를 보좌하기에 이른다. 1911년 말러가 죽은 뒤에는 그의 「대지의 노래」와 교향곡 9번을 초연하여 초연자의 권위를 누리게 되었다.

발터의 전성기는 말러의 사후 활짝 열리게 되었다. 1911년 오스트리아 시민권을 취득했지만, 빈을 떠나서 1913년 뮌헨 궁정 오페라의 음악 감독직을 거머쥐었다. 피츠너의 오페라 「팔레스트리나」 초연이나 브라운 펠스의 오페라 「새」 초연 등 음악사에 있어 굵직한 사건도 당시에 이루어진 것이다. 1929년에는 전임자 푸르트벵글러의 뒤를 이어 라이프치히 게반트하우스 오케스트라의 상임지휘자가 되었으나 나치가 득세한 1933년 드디어 시련이 닥쳤다. 음악가의 혈통이 중대문제로 떠올랐고, 유대인이었던 그는 독일에서의 활동을 접을 수밖에 없었다.

발터는 여러 나라를 거친 끝에 1939년 미국에 정착했다. NBC 심포니 오케스트라, 뉴욕 필하모닉, 시카고 심포니 오케스트라, LA 필하모닉, 필라델피아 오케스트라, 보스턴 심포니 오케스트라 등 미국의 손꼽히는 오케스트라는 거의 모두 지휘했다. 만년에는 컬럼비아 레코드 측에서 결성시켜준 녹음 전문 악단 컬럼비아 오케스트라와 함께 레코딩을 남겼는데 발터는 주로 이 시기의 모습으로 우리에게 각인되어 있다. 1961년 컬럼비아 오케스트라와 함께 모차르트 서곡집을 녹음한 발터는 1년 뒤 돌연 심장마비로 타계했다.

발터의 디스코그래피에서 먼저 말러를 언급하지 않을 수 없다. 발터는 말러의 교향곡 중 1번, 2번, 4번, 5번, 9번, 「대지의 노래」만을 음반으로 남겼다. 그중에서 백혈병으로 요절한 비운의 콘트랄토(여성의 성역에서 가장 낮은 음역을 부르는 가수) 캐슬린 페리어와 함께한 1952년 「대지의 노래」(Decca)를 가장 먼저 들어보아야 할 것이다. 「대지의 노래」를 초연한 지휘자답게 깊은 애정과 능숙한 손맛을 발휘한다. 페리어의 우는 목소리가 때때로 부담스럽게 느껴지지만 모든 레코딩을 통틀어 가장 영적인 가창을 들려준다는 점에는 이견이 없다. 말러 교향곡 9번도 놓칠 수 없다. 빈 필하모닉과 함께한 1938년 녹음(Dutton)은 콤팩트한 해석에 역사적 가치가 큰 음반이고 1961년 컬럼비아 오케스트라 레코딩(Sony)은 넉넉하고 관조적인 시선이 특징이다.

온화한 해석을 선호하는 발터는 베토벤보다는 모차르트나 슈베르트가 잘 어울린다. 그나마 베토벤 교향곡 중에서 발터와 가장 궁합이 좋은 번호는 6번 「전원」이다. 컬럼비아 오케스트라와 함께한 모차르트 후기 교향곡 1960년 녹음(Sony)은 발터의 컬렉션에서 빠질 수 없는 명반으로, 딱딱한 교장 선생님 같은 카를 뵘의 해석보다 훨씬 유연하고 따스하다. 슈베르트의 노래에 최대로 밀착한 「미완성」 교향곡의 뉴욕 필하모닉 녹음(Sony)도 평론이 새삼스러운 명반이다.

브람스 교향곡 녹음(Sony)은 비록 단원들의 개인기는 좋지 않

11

으나 온화한 서정성을 최대로 발휘한 만년의 정서가 일품이다.
클래식한 트렌치코트와 함께 가을의 필수 아이템으로 자리매
김한 지 오래다.

오토 클렘페러

우리들의 만신창이 마에스트로

오토 클렘페러(Otto Klemperer, 1885~1973)는 2미터에 달하는 큰 키, 뿔테안경을 쓰고 파이프를 물고 있는 근엄한 표정으로 유명하다. 한눈에 보아도 깐깐한 성격을 지녔을 것 같은 그는 리허설 때 유난히 말이 많고 까칠한 편이었다고 한다. 베토벤 「에그몬트」 서곡을 리허설하는 영상물에서 지휘자는 갑자기 악보 대를 내리치며 "왜 내가 시키는 대로 활을 긋지 않지?"라며 호통을 친다. 예민한 폭군의 이미지 그대로이다.

'오뚝이 지휘자' 혹은 '지휘계의 불사조'는 클렘페러를 언급할 때 빠지지 않고 등장하는 키워드이다. 그는 전생에 무슨 중죄를 지었는지는 몰라도 유난히 많은 사건, 사고에 시달렸다.

1939년에는 뇌종양 수술을 받아 몸이 부분적으로 마비되었고, 1948년에는 몬트리올 방문 중 비행기 트랩에서 내리다 낙상하여 대수술을 받게 되었으며, 1959년에는 파이프를 물고 잠들다가 시트에 불이 붙어 큰 화상을 입었다. 1960년 클렘페러를 인터뷰한 영상을 보면 왼쪽 입술이 마비된 것처럼 보이는 것을 관찰할 수 있다. 게다가 1963년에는 고혈압으로 쓰러져 지휘는커녕 생사가 불투명한 상태에 이르렀으니 보통사람에게는 도저히 감당하기 어려운 일들의 연속인 셈이다. 그러나 그는 목숨이 여러 개 달린 캣우먼처럼 그때마다 재기했고 88세의 천수를 누렸다.

오토 클렘페러는 독일의 브레슬라우에서 태어났는데 지금 이곳은 폴란드 영토로 되어 있다. 그의 초기 지휘 시절은 브루노 발터와 유사하게 말러와 강하게 연계되어 있다. 1905년 말러 '부활' 공연의 오프 스테이지 브라스 밴드를 지휘한 것을 계기로 그는 선배 지휘자와 친분을 나누게 되었고, 1907년 말러의 추천으로 프라하의 독일 오페라극장에서 지휘봉을 잡을 수 있었다. 함부르크에서 경력을 이어나갈 때 빠지지 않고 등장하는 스캔들이 바로 '엘리자베트 슈만 사건'이다. 우리에게는 '여성 리트 가수의 대선배'격으로 기억되는 엘리자베트 슈만은 당대에는 「장미의 기사」의 조피나 「피가로의 결혼」의 수잔나 등 수브레토 소프라노(일종의 '하녀 역')로 인기가 있었다. 플레이보이 기질이 다분했던 젊은 클렘페러는 유부녀인 그녀와 사랑의 도피행각을 벌이고 있었다. 슈만의 남편은 두 사람의 불륜 현장을 덮쳐 클렘페러의 얼굴을 마구 내리쳤다. 붕대를 감고 무대에 나타난 지휘자를 향해 관객들은 야유했고 그는 소리쳤다.

"내 음악이 듣기 싫은 놈들은 밖으로 나가라!"

결국 클렘페러는 함부르크에서 쫓겨나는 곡절을 겪어야만 했는데 그의 플레이보이 기질은 훗날 아내 요한나와 자식들을 불행하게 하는 근원이 되었다. 그는 인터뷰에서 아예 자신을 '부도덕한 사람'이라고 뻔뻔하게 고백하기도 했다. 근엄한 음악을 빚는 마에스트로의 못 말리는 바람기라니!

그 후 클렘페러는 함부르크, 스트라스부르, 쾰른, 비스바덴에서 경력을 이어나갔다. 독일 음악의 수호자라는 꼬장꼬장한 선입견과는 달리 힌데미트 「카르디악」, 야나체크 「죽은 자의 집으로부터」, 쇤베르크 「기대」, 스트라빈스키 「오이디푸스 왕」 등 동시대의 작품을 무대에 곧잘 올렸다. 독일에서 나치가 득세하자 유대인이었던 클렘페러는 미국 LA로 이주했다. 미국생활은 사실상 실패에 가까웠다. 제2차 세계대전이 끝나자 유럽에 복귀하여 부다페스트 오페라에서 지휘봉을 잡으며 객원지휘를 했지만, 상황이 좋아지지는 않았다. 클렘페러의 인생에서 대전환점은 1954년 EMI의 명 프로듀서 월터 레그가 필하모니아 오케스트라의 녹음을 맡긴 데에서 시작한다. 오늘날 그의 높은 명성은 이 시기가 아니면 아마 불가능했을 것이다.

오토 클렘페러의 음반은 주로 영국 악단인 필하모니아 오케스트라와의 연주가 많고 정통 교향악에 편중되어 있다. 젊은 시절에는 동시대의 음악에 관심이 많았다고 하나 디스코그래피의 성향은 지극히 보수적이다. 그의 연주와 해석에서 세련미는 불구대천(不俱戴天)의 원수지간과 같다. 어찌나 악기들의 소리가 하나같이 투박한지, 플루트 소리는 퉁소 소리에 가깝고 오보에 소리는 태평소 소리에 가깝다. 현악의 질감도 현미밥처럼 윤기가 부족하다. 클렘페러를 듣는 이유는 사운드에 있는 것이 아니라 지휘자의 정신성에 있다고 할 수 있다. 촌스러운 울림을 뚫고 나오는 투지와 기상에 주안점을 두지 않으면 안 된다.

그의 우직하고 진중한 어법을 느끼려면 바그너 전주곡집(EMI)을 들어보아야 한다. 브루크너는 교향곡 4번에서 9번까지 녹음(EMI)을 남기고 있는데 뚝심이 있는 '야인 브루크너'의 모습이 두드러진다. 다만 교향곡 8번의 경우 마지막 악장을 지휘자의 자의적인 판단으로 삭제하고 있어 브루크너 원전주의자들의 빈축을 사고 있다. R. 슈트라우스 작품 중에서는 죽음에 대해 논하는 「죽음과 정화」 「메타모포르젠」(EMI)이 좋다. 끔찍하게 느린 템포로 악명 높은 바흐 「마태 수난곡」(EMI)은 감상자에 따라 호불호가 갈릴 수 있으나, 디트리히 피셔-디스카우의 절창에 힘입은 브람스 「도이치 레퀴엠」(EMI)은 군소리 없이 훌륭하다.

말러 교향곡 2번 공연 시 오프 스테이지 브라스의 지휘자였던 클렘페러이니 만큼 그의 디스코그래피에서 말러는 큰 비중을 차지한다. 프리츠 분덜리히와 크리스타 루드비히가 절창을 들려주는 「대지의 노래」(EMI)가 첫손에 꼽히며 진중한 어법이

곡의 상성과 잘 맞는 교향곡 2번(EMI)과 9번(EMI)이 다음으로 들어볼 만하다.

빌헬름 푸르트벵글러

음표 너머의 형이상학

20세기 초에 활동한 최고의 지휘자를 꼽으라면 애호가들은 푸르트벵글러(Wilhelm Furtwängler, 1886~1954)와 토스카니니 사이에서 갈등한다. 문학의 두 거성 괴테와 실러가 그러했듯이 둘은 많은 점에서 대조적이다. 베를린 출신의 푸르트벵글러는 뼛속까지 독일 음악가였고 모든 음악에서 일종의 '독일혼'을 추구했다. 그의 음악은 심각하면서도 감정을 낭비하지 않고 지극히 주관적이면서도 논리적이다. 토스카니니가 음표 그 자체의 질서를 숭배한다면 푸르트벵글러는 음표 너머의 세계를 추구한다. 영혼의 심원한 표현에 집착했던 푸르트벵글러에게 명쾌한 음악의 대명사인 토스카니니는 그저 '인간 메트로놈'으로 보였을 것이다.

푸르트벵글러의 지휘에는 언제나 신성한 불꽃이 이글거린다. 지휘자의 모습에서 살짝 광인의 느낌이 드는 것은 어쩔 수 없다. 잠깐 스쳐 지나가듯 보아도 그가 자신을 멋지게 꾸미는 데에는 눈곱만큼의 재능이 없고 음악 외에 다른 관심사는 일절 없는 사람이라는 것을 직감할 수 있으리라. 그의 모습은 그야말로 '벼락 맞은 꼭두각시 인형'과 같다. 단원의 관점에서 볼 때 그의 지휘 자세는 부정확하고 어수룩하다. 아니, 지휘라기보다는 경련에 가깝다. 도대체 언제 음을 내야 할지 난감할 정도인데 오죽하면 그의 지휘로 베토벤 교향곡 5번을 시작할 때는 단원들이 지휘자의 바통이 아니라 콘서트마스터(악장)의 활끝을 본다는 농담이 있을 정도이다.

'부드러운 혼돈'에 가까운 그의 지휘 자세로 인해 오히려 음악은 더욱 강도 높게 타오른다. 피아니스트 파울 바두로 스코다는 "거장 피아니스트의 타건처럼 푸르트벵글러의 비팅도 유동적이다."라고 표현했고 소프라노 엘리자베트 슈바르츠코프는 "그의 동작은 눈에 보이는 음악의 물결이었다."라고 언급했다. 악보의 아래위를 오차 없이 맞추는 것은 그의 관심사가 결코 아니었다. 푸르트벵글러는 그런 음악을 '미성숙의 표현'으로 생각했다.

푸르트벵글러는 1906년 2월 19일, 20세 때 뮌헨의 카임 오케스트라(현재의 뮌헨 필하모닉)에서 지휘자로 데뷔했다. 프로그램은 베토벤의 「헌당식」 서곡, 지휘자 본인의 곡 교향시 b단조, 브루크너 교향곡 9번으로 구성되어 있었는데 브루크너 9번은 신진 지휘자의 데뷔 연주회 레퍼토리로써는 지나치게 무거운 느낌이 없지 않았다. 그 후 푸르트뱅글러는 스트라스부르, 뤼벡, 만하임, 프랑크푸르트, 빈을 거쳐 1922년에는 아르투르 니키쉬의 후임으로 라이프치히 게반트하우스 오케스트라와 베를린 필하모닉의 상임지휘자가 되었다.

"어느 객원 지휘자의 연습 도중 중간에 갑자기 오케스트라의 음색이 달라져 고개를 들어보니 저 멀리 문쪽에 푸르트뱅글러가 서 있었다."라는 단원의 증언대로 그는 존재만으로도 악단에서 숭고한 소리를 뽑아내는 사람이었다.

그의 인생에서 가장 가혹한 시련은 바로 나치당과의 관계였다. 나치 정권은 게르만 국민의 정서를 어지럽히는 20세기 음악을 좋아하지 않았고, 그들의 눈 밖에 난 예술과 예술가는 모두 '퇴폐예술'이라는 '주홍글씨'를 가슴에 달아야만 했다. 나치 정권은 20세기 독일 작곡가 힌데미트를 주의할 인물로 주시하고 있었는데 1934년 푸르트뱅글러가 겁도 없이 힌데미트의 신작 「화가 마티스」를 연주한 것이다. 그리고 지휘자는 신문 사설을 통해 힌데미트의 음악을 '새로운 게르만 음악'으로 칭송하며 작곡가를 옹호하는 글을 발표하기에 이른다. 이를 '힌데미트 사건'이라 하는데 대부분의 예술가가 그렇듯이 정치적 감각이 둔했던 푸르트뱅글러는 자신의 높은 입지로 보아 정권이 자신을 맘대로 쥐락펴락할 수 없을 것으로 생각했는지도 모른다. 그러나 결과는 참담했다. 푸르트뱅글러는 모든 공직에서 물러나고 지휘봉도 잡을 수 없게 되었다.

결국 나치 정권은 푸르트뱅글러를 지휘자로 복귀시킴으로써 그를 정치적 선전물로 이용했다. 나치 친위대, 군부대 위문 공연은 물론이요, 히틀러 총통의 생일 축연을 지휘하기도 했다. 그는 외국에서는 친나치 음악가였지만 나치 군부에는 정치적으로 불충실한 지휘자였고 전쟁에 신물이 난 독일 국민에게는 음악의 구원자였다. 제2차 세계대전 종전 후 푸르트뱅글러는 나치의 협력자로 체포되어 재판에 회부되기에 이른다. 1947년에는 무죄판결을 받게 되어 베를린 필하모닉에 복귀하게 되고 이때 남긴 녹음들은 하나같이 걸작으로 손꼽히고 있다. 나치와 전쟁으로 얼룩진 그의 굴곡 많은 인생은 음악에 한층 더 짙은 음영을 부여했다. 지휘자로는 아직도 한창 활동할 수 있는 나이인 68세에 삶을 마감하게 된 것은 안타까운 일이다.

푸르트뱅글러는 독일, 오스트리아 작곡가의 작품에서 진가를 발휘했다. 음반은 스튜디오 녹음보다는 주로 라이브 녹음이 많다. 연주한 해에 따라 그 해석이 크게 달라서 푸르트뱅글러 마니아들은 같은 곡이라도 연도별로 복수로 모은다. 예를 들어 베토벤 교향곡 9번만 해도 제2차 세계대전 당시인 1942년 녹음, 종전 이후 1951년 바이로이트 녹음, 1954년 루체른 페스티벌 녹음 등 유명한 아이템만 3종에 이른다. 애호가들은 이를 와인에 빗대어 '푸르트뱅글러 빈티지'라 부른다. 푸르트뱅글러를 처음 듣는 애호가라면 열악한 음질의 제2차 세계대전 당시의 녹음보다는 상대적으로 음질이 좋은 만년의 녹음을 추천

하고 싶다. 1954년 베토벤 교향곡 9번 루체른 페스티벌 녹음
(Tahra)은 광포한 전시(戰時)녹음이나 들뜬 바이로이트 녹음에
비해 차분한 웅대함이 돋보인다.

1951년 슈베르트 교향곡 9번 「그레이트」 베를린 필하모닉
녹음(DG)이나 1953년 슈만 교향곡 4번 베를린 필하모닉 녹음
(DG)은 푸르트벵글러의 명반 중에서도 손꼽히는 것이다. 전자
는 제1악장 내에서도 제시부와 재현부의 템포를 달리 설정하
는 등 지휘자의 자유로운 마음을 흥미롭게 관찰할 수 있다. 브
람스의 교향곡은 곡마다 완성도가 들쭉날쭉하지만 1951년
NDR 방송교향악단과 함께한 1번 녹음(Tahra)만큼은 투정을 부
릴 수 없는 명연이다. 이토록 압도적인 격정은 다른 지휘자의
녹음에서는 좀처럼 찾아보기 어렵다. '독일의 명창' 디트리히
피셔-디스카우와 함께한 말러 「방황하는 젊은이의 노래」(EMI)
는 그의 얼마 되지 않는 말러 녹음이라는 희소성과 더불어 아
직도 그 인기가 식지 않고 있다.

프리츠 라이너

스위스 시계처럼 정교한 지휘봉

「카네기 홀(Carnegie Hall, 1947)」이라는 오래된 흑백영화가 있다. 당대 유명한 음악인들이 펼치는 갈라 콘서트에 적당히 달달한 휴먼 드라마를 섞은 이 영화에 프리츠 라이너(Fritz Reiner, 1888~1963)가 출연한다. 그는 여기서 하이페츠와 함께 차이콥스키 바이올린 협주곡 제1악장을 선보이는데, 그의 지휘는 보는 이들을 놀라게 하는 면이 있었다. 하나는 그의 지휘봉이 뒤김요리 젓가락처럼 크고 길다는 것에 놀라고 또 다른 하나는 그 거대한 지휘봉을 대단히 좁은 폭으로 움직이는 것에 또 한 번 놀라게 된다. 헤럴드 숀버그가 묘사한 '체구와 어울리지 않는 큰 바통과 좁은 비팅을 구사하는 단신(短身)의 남자' 그대로

23

이다. 또한 자세히 관찰해 보면 지휘자가 퍼포먼스나 단순히 동작을 위해 지휘봉을 돌리는 경우가 거의 없다는 것을 알게 된다. 조끼 주머니 폭 정도로 경제적인 비팅을 한다고 하여 이른바 '베스트 포켓 비트'로 알려진 지휘 자세다. 마피아 두목처럼 가지런히 빗어 넘긴 '올백' 머리와 늘 무엇인가를 노려보는 듯한 부리부리한 눈빛은 보는 것만으로도 위압감을 느끼게 된다. 그는 강단 있는 성격과 타협을 모르는 고집으로도 유명한데 브루노 발터가 덕장이라면 라이너는 용장인 셈이다.

라이너는 헝가리의 부다페스트의 유대인 가정에서 태어났다. 대부분의 아버지가 그렇듯이 라이너의 부친은 음악인 아들을 원치 않았기 때문에 라이너는 할 수 없이 법률학을 전공할 수밖에 없었다. 그러나 뮤즈의 축복이 임한 자들의 정해진 순서대로 프란츠 리스트 음악원에서 피아노와 작곡을 공부하면서 음악의 길을 개척하기 시작했다.

초기시절에 라이너는 부다페스트와 드레스덴에서 활약했다. 1914년부터 그가 드레스덴 쳄퍼 오페라의 지휘자로 7년씩이나 많은 공연을 이끌었다는 사실은 잘 알려지지 않았다. 이 시기에 드레스덴에서 활동하던 R. 슈트라우스와의 친분은 라이너에게 중요한 의미를 지닌다. 그의 롤모델이 눈빛으로 단원들을 제압한 니키쉬와 "지휘자가 땀을 흘리면 안 된다."라고 주장한 R. 슈트라우스로 압축되는 계기를 마련했기 때문이다.

34세 되던 1922년에 라이너는 미국으로 건너가 신시내티 심포니 오케스트라의 상임 지휘자가 되었다. 1928년 3월에 거쉰 본인의 피아노 협연으로 「랩소디 인 블루」와 피아노 협주곡 F장조를 공연한 것은 그의 경력에 독특한 위치를 점한다. 그 해에 라이너는 미국 시민권을 취득하고 커티스 음악원에서 학생들을 가르치기 시작했는데 루카스 포스와 레너드 번스타인이 그의 지도를 받았다. '오두방정 댄스'로 유명한 번스타인이 극도로 엄격한 지휘 자세를 좌우명으로 한 지휘자의 제자라는 것이 퍽 흥미롭다. 1938년부터 10년간 피츠버그 심포니 오케스트라를 이끌었던 라이너는 1953년에 라파엘 쿠벨리크의 후임으로 오늘날 그의 명성을 확고하게 한 악단인 시카고 심포니 오케스트라의 수장이 되었다. 그는 유럽의 유구한 역사를 지니지 못한 미국 오케스트라의 돌파구를 기능미와 모던함에서 찾았고 이러한 어법은 20세기 음악에서 최고의 빛을 발했다. 시카고 시절의 음반을 들어보면 미켈란젤로의 다비드상처럼 탄탄하게 조형된 근육질 사운드 안에서도 경직되지 않은 자연스러운 흐름과 빛나는 윤기를 발견할 수 있다.

치명적인 심장병이 착실히 전성기를 구축해가는 라이너의 발목을 잡았다. 1960년 심장발작을 겪고 난 뒤 그의 건강은 점차 무너져서 1962년에는 상임 지휘자에서 물러나 시카고 심포니 오케스트라의 음악고문을 지내기에 이른다. 그리고 1년 뒤 뉴욕에서 영면에 들어갔다. 라이너는 지휘자로서 스캔들이나 특별히 재미있는 일화를 많이 뿌리지는 않았으나 3회에 걸친 결혼과 협연자들과의 잦은 충돌은 그의 성격이 여간 깐깐한 것이 아님을 입증한다. 그나마 가장 흥미로운 일화는 라이너의 지시를 제대로 알아채지 못해 지적받은 더블베이스 주자가 다음날 리허설에 쌍안경을 들고 오자 지휘자가 곧바로 '해고'라고 적힌 쪽지를 보여준 일화이다.

라이너의 대표적인 레퍼토리를 꼽자면 헝가리의 20세기 작곡가 벨라 버르토크와 독일 음악의 마지막 적자 R. 슈트라우스를 꼽을 수 있다. 프란츠 리스트 음악원에서 2년 동안 버르토크의 직접적인 가르침을 받았던 그답게 고국의 작곡가에 대한 본질과 핵심을 꿰뚫고 있다. 버르토크의 「현악기, 타악기와 첼레스타를 위한 음악」과 「오케스트라를 위한 협주곡」이 커플링된 음반(RCA)은 라이너의 취향을 그대로 보여주는 간판격인 레코딩이다. 군살을 발견할 수 없는 단단한 사운드가 일품이다. 「영웅의 생애」는 많은 R.슈트라우스 녹음 중에서도 가히 백미라 할 것이다. 번쩍이는 섬광과 함께 등장하는 영웅의 모습, '영웅의 적' 부분에서 사악하게 쩍쩍거리는 목관, 난폭하고 치열한 '영웅의 전투' 장면 등 작품의 핵심을 날카롭게 파고들고 있다. 관능성과 나르시시즘에 집착하는 카라얀의 음반과 구별되는 진정한 마초의 모습을 보여주고 있다. 「차라투스트라는 이렇게 말했다」 또한 항상 1순위로 거론되는 명연이다. 오스카 와일드 식의 유미주의를 표방하는 카라얀의 녹음과 비교해보면 짐승의 발톱처럼 날카로운 야성을 세운 니체의 철학에 더욱 근접한 해석이다. 1950년대 녹음이지만 RCA의 리빙 스테레오 시리즈의 탁월한 녹음 기술력에 힘입어 최신 녹음이 무색할 정도로 감탄스러운 사운드를 들려준다.

카를 뵘

폭군과 아버지 사이

카라얀의 화려한 지휘가 코스모폴리탄적인 매력을 표방한다면 카를 뵘(Karl Böhm, 1894~1981)의 지휘는 오스트리아 전통의 유고한 뿌리를 상징한다. 뵘은 악보의 범위 안에서 모든 음표에 충실해지려 했다. 카라얀이 오케스트라의 얼굴이라 할 수 있는 바이올린 파트를 갈고 닦는 데 온 정성을 쏟았다면 뵘은 오히려 제2호른이나 비올라처럼 잘 드러나지 않는 악기군의 세공에 열을 올렸다. 또한 리허설에서 부정확하게 얼버무리는 연주는 뵘의 면박을 면치 못했다. 그의 지휘철학은 "8분음표는 8분음표로 연주하고 8분쉼표는 8분쉼표 만큼 쉴 것."으로 다소 따분한 것이었지만 공연은 늘 근사했다. 작곡가가 악보에 기재한 음표를 충실히 울리는 것만으로도 감동을 줄 수 있음을 몸소 보여준 셈이다.

카를 뵘은 오스트리아 남부 도시 그라츠에서 법조인의 아들로 태어나 처음에는 법률을 공부했다. 뿔테안경을 쓴 깐깐한 인상에 어쩐지 연미복보다는 법복이 더 잘 어울릴 것 같은 뵘의 전공은 집안환경과 무관하지 않다. 프리츠 라이너의 경우와 마찬가지로 뵘의 부친도 자식이 음악을 직업으로 삼는 것을 원치 않았다. 뵘은 법학박사를 취득한 후에야 자식으로서 의무를 다했다고 여겨 본격적인 지휘자의 길로 들어선다. 음악공부는 처음에 그라츠 콘서바토리에서 이루어졌고 그 후에는 빈 콘서바토리로 옮겨 작곡가 요하네스 브람스의 친구였던 오이제비우스 만디쳅스키를 사사했다.

1921년에 뵘은 카를 무크의 추천으로 브루노 발터가 음악감독직을 맡고 있었던 뮌헨의 바이에른 국립 오페라에서 지휘봉을 잡게 되었다. 이때 발터로부터 많은 영향을 받았다고 전해지는데 두 지휘자 모두 모차르트 스페셜리스트인 것은 우연이 아닐 것이다. 1927년에는 다름슈타트에서 활동하고 1931년부터는 함부르크 오페라극장에서 음악 감독직을 수행하게 되었다.

1934년부터는 드레스덴 젬퍼 오페라의 총감독이 되었는데 이 시기는 R. 슈트라우스 시기라 할 만한 것으로 그의 인생에서 대단히 중요한 위치를 점한다. 므라빈스키에게 쇼스타코비치가 있었다면 뵘에게는 R. 슈트라우스가 있었다고 할 수 있다.

이들 지휘자와 작곡가의 관계는 일종의 '윈윈 게임'이었다. 므라빈스키가 쇼스타코비치의 교향곡을 초연하여 권위를 얻었듯이 뵘은 R. 슈트라우스의 후기 작품인 오페라 「말 없는 여인」 「다프네」를 초연하며 명성을 드높였는데 「다프네」는 지휘자에게 직접 헌정되기까지 했다. 당시 뵘처럼 R. 슈트라우스의 후기 오페라를 적극적으로 녹음한 지휘자는 드물었다.

뵘은 생애에 빈 슈타츠오퍼의 음악 감독직에 두 번에 걸쳐 취임했다. 1943~1945년에 걸쳐 음악 감독직을 수행한 뵘은 제2차 세계대전 전후에 나치 협력문제 때문에 2년간 지휘를 할 수 없었다가 복귀하여 1954~1956년에 걸쳐 짧게 동일 직책을 맡았다. 1955년 11월 5일에는 빈 슈타츠오퍼의 재건 콘서트에서 「피델리오」를 지휘하는 영광을 누리기도 했으나 빈 오페라계의 '미풍양속'인 파벌싸움으로 결국 빈 슈타츠오퍼의 음악 감독직을 물러날 수밖에 없었다. 후임자는 바로 카라얀이었다. 1957년에는 뉴욕 메트로폴리탄 오페라의 지휘자로 활동했고 1960년대에는 바이로이트 페스티벌에서 빌란트 바그너 연출의 오페라를 무대에 올리며 전 세계의 바그너 애호가들을 황홀경에 빠뜨렸다. 뵘은 만년에 특정한 악단이나 극장의 음악감독이나 상임 지휘자를 맡지 않았다. 우리에게 그는 빈 필하모닉의 지휘자로 잘 알려졌지만 상임 지휘자가 아닌 단지 객원 지휘자로 활동했을 뿐이다.

카를 뵘의 많은 명반 중에서도 브람스 교향곡 1번 1959년 베를린 필하모니 녹음(DG), 베토벤 교향곡 6번 「전원」 1971년 빈 필하모니 녹음(DG), 브루크너 교향곡 4번 「로맨틱」 1973년 빈 필하모닉 녹음(Decca)은 애호가들 사이에서 '부동의 1위'로 손꼽힌다. 특히 강철같이 단단한 구조 속에서 승리의 연금술을 빚은 브람스 1번은 훗날 다시 녹음한 빈 필하모닉 전집(DG)과 비교할 수 없는 팽팽한 긴장감을 지니고 있다. 모차르트 교향곡 전집(DG)은 오늘날의 상쾌한 시대 악기 연주와 비교해볼 때 다소 고루한 느낌도 없지 않으나 모차르트에 대한 지휘자의 애정이 높은 품격으로 표현된 연주라 하겠다.

오페라 분야에서도 뵘의 명반을 만나볼 수 있다. 얼린 오저, 레리 그리스트, 쿠르트 몰, 페터 슈라이어 등 빼어난 성악가가 주연을 맡은 모차르트 「후궁탈출」(DG)은 생생한 리듬감으로 가득 차 있다. 존재 자체만으로도 피가로의 능청을 느낄 수 있는 헤르만 프라이와 냉철한 귀족 상을 보여주는 디트리히 피셔-디스카우가 격돌한 「피가로의 결혼」(DG)은 오랫동안 으뜸의 자리를 내놓지 않고 있다.

뵘은 '두 얼굴의 사나이' 같은 지휘자로도 유명하다. 폭군처럼 리허설을 하다가도 지휘대를 내려오면 자애로운 아버지처럼 단원들과 어울렸듯이 고전파 음악을 지휘할 때와 게르만 후기 낭만 오페라를 지휘할 때의 뵘의 모습은 천양지차이다. 그가 바그너나 R. 슈트라우스를 지휘하면 불가마 같은 열기가 시종일관 활활 타오른다. 바그너 「트리스탄과 이졸데」 1966년 바이로이트 실황(DG)은 지휘자의 뜨거운 몰입과 볼프강 빈트가센과 브리기트 닐손이라는 불세출의 바그너 애호가인 성악가의 가창이 더해진 전설적인 명연으로 회자되고 있다. 바그너 「니벨룽의 반지」 1971년 바이로이트 실황녹음(Philips)에서도 뵘의 예외적인 거친 야성을 느낄 수 있으며 R. 슈트라우스 「엘렉트라」 1960년 드레스덴 슈타츠카펠레 녹음(DG)은 청각만으로도 피가 뚝뚝 흐르는 장면이 눈에 선하다. 뵘은 20세기 음악에 적극적이지는 않았지만 디트리히 피셔-디스카우가 활약한 알반 베르크의 오페라 「보체크」와 「룰루」(DG)는 명쾌한 정돈으로 곡상을 쉽게 풀어나간 명연으로 손꼽힌다.

조지 ^셸

우아한 고전미를 실현한 냉혹한 조련사

지금은 한 지휘자가 상임으로 악단을 수십 년 동안 맡는 일이 드물지만 20세기 후반에만 해도 그렇지 않았다. 대가들은 모두 한 악단과 오랜 세월 동안 거의 왕조를 이루었는데, 카라얀과 베를린 필하모니, 클렘페러와 필하모니아 오케스트라, 토스카니니와 NBC 심포니 오케스트라, 발터와 컬럼비아 오케스트라, 오르먼디와 필라델피아 오케스트라, 솔티와 시카고 심포니 오케스트라가 바로 그러했다. 헝가리의 지휘자 조지 셸 (George Szell, 1897~1970) 또한 그의 수족과도 같았던 클리블랜드 오케스트라와 함께 기억되고 있다. 클리블랜드 오케스트라는 그 덕분에 찬란한 황금기를 맞이했고 오늘날까지 미국 악단

중 가장 유럽적인 소리를 내는 특급 악단으로의 명성을 이어나가게 되었다.

뿔테 안경을 쓴 깐깐해 보이는 외모답게 셸의 음악은 언제나 단아한 고전미를 표방한다. 과장과 허세를 모른다. 바그너, 브루크너, 말러 같은 거창하고 비대한 후기 낭만파 음악에서조차 그는 오케스트라를 마치 실내악처럼 다뤘다. 현은 언제나 극도의 정제된 앙상블로 멋진 소리를 내고 금관악기는 내지르지 않으면서 시원하게 솟구치는 이른바 '클리블랜드 브라스'를 들려주었다. 셸이 타계한 뒤에도 클리블랜드 오케스트라는 항상 그와 동의어로 취급되었다. 오죽하면 20년이 지나 클리블랜드 오케스트라의 수장을 맡았던 크리스토프 폰 도흐나니가 "우리가 국외에서 공연을 하면 아마 조지 셸이 호평을 받을 것이다."라고 말할 정도였을까. 그는 단순한 세련미를 뜻하는 '쉬크(chic)'라는 형용사가 '빌어먹게' 잘 어울리는 지휘자였다.

조지 셸은 헝가리의 부다페스트에서 태어나 빈에서 자랐다. 그의 스승으로는 루돌프 제르킨을 키워낸 리하르트 로베르트, 브람스의 절친한 친구였던 오이제비우스 만디쳅스키 등이 있었고 짧게나마 작곡가 막스 레거의 지도를 받기도 했다. 셸은 어린 나이에 이미 작곡과 피아노의 신동으로 명성을 휘날리고 있었다. 신문은 그를 '차세대 모차르트'로 소개했고, 14세 되던 해에는 빈의 유명한 악보상인 우니베르잘 출판사가 10년 동안 출판 계약을 맺을 정도였다.

18세 되던 해인 1915년, 셸은 베를린 로열 오페라극장(후에 베를린 슈타츠오퍼가 됨)에서 거장 R. 슈트라우스와 친하게 지내면서 신임을 얻게 된다. R. 슈트라우스는 10대의 청년의 빼어난 피아노 솜씨와 정교한 바통 테크닉에 경악을 금치 못했다. 훗날 셸이 인터뷰에서 그를 가리켜 지휘가 끝나고 카드게임을 할 때가 가까워져 오면 갑자기 지휘봉을 빠르게 휘두르는 엉터리 지휘자로 묘사하기도 했지만 R. 슈트라우스가 명성을 높인 데 도움이 되었던 것은 부인할 수 없다. 이후 셸은 유럽의 손꼽히는 극장과 오케스트라를 차례로 정복해 나갔고 1924년에는 베를린 슈타츠오퍼의 수석 카펠마이스터(지휘자)가 되었다.

1939년 유럽에는 제2차 세계대전이 발발했고 호주에서의 연주 투어를 마치고 미국을 거쳐 유럽으로 돌아가려던 셸은 결국 미국에 둥지를 틀게 되었다. 1942년에 메트로폴리탄 오페라에서 데뷔했고 1946년에는 마침내 클리블랜드 오케스트라의 음악감독에 임명되었다. 100여 명의 '밥줄'을 쥐게 된 셸은 유럽 오케스트라의 깊은 정서와 미국 오케스트라의 유연한 적응력을 결합하려는 높은 목적의식을 세웠다. 클리블랜드에 거주하는 교향악 애호가에게는 가장 축복받은 순간이면서 동시에 단원들에게는 지옥의 나날이 시작된 것이다. 어쩔 수 없이 단원들과의 마찰이 잦았고 '해고의 제왕'으로도 악명을 날렸다. 실수를 자주 하거나 지휘자의 권위에 반발하는 단원을 해고함은 물론이요, 필요한 악기 대신 자동차를 산 단원을 해고한 적도 있다.

조지 셸의 각 파트에 대한 완벽주의적인 성향은 과연 혀를 내두를만한 것이었다. 그는 '걸어 다니는 악기법 사전'과 같아 현악기의 보잉(바이올린 따위의 현악기에서 활을 다루는 방법, 운궁법이라고도 함)과 목관악기의 텅잉(관악기를 불 때 혀끝으로 소리를 끊음, 또는 그런 연주법)에 대해서 완전히 통달해 있었다. 클리블랜드 오케스트라의 트럼펫 주자는 지휘자가 트럼펫으로 낼 수 있는 음에서 모든 핑거링의 조합을 알았다고 회상했다. 이러한 지휘자 아래서 단원들은 자신의 파트뿐 아니라 다른 연주자의 파트도 숙지해야만 했다. 혹독한 조련 끝에 1950년대 후반에 클리블랜드 오케스트라는 마침내 정확성과 실내악적인 사운드로 전 세계에 명성을 날릴 수 있게 되었다. 단원들의 희생이 헛되지 않았다. 악단은 뉴욕의 카네기 홀에도 투어를 했고 유럽, 소련, 호주, 일본으로 국제적인 연주 투어를 이어나갔다. 클리블랜드 오케스트라의 황금기가 가히 절정을 향해 치달을 무렵의 이야기이다.

조지 셸이 클리블랜드 오케스트라와 함께 남긴 녹음은 어느 것을 골라도 버릴 것이 없는 보증 수표와 같다. 그중에서도 빈 고전주의 작곡가라 할 수 있는 하이든, 모차르트, 베토벤과 슈베르트의 음반이 가장 매력적이다.

베토벤 교향곡 전집(Sony)은 수많은 베토벤 전집 중에서도 반드시 갖춰야 하는 전설적인 녹음으로 클리블랜드 사운드의 극치를 보여준다. 5번은 1959년 빈 필하모니와 함께한 잘츠부르크 페스티벌 실황(Orfeo)으로, 9번은 지휘자의 평소 성향으로서는 드물게 열기가 끓어오르는 뉴 필하모니아 오케스트라 실황

(BBC legends)으로 보충한다면 완벽한 컬렉팅이 될 것이다. 슈베르트의 교향곡 「미완성」과 「그레이트」 녹음(Sony)은 반트의 음반과 함께 '좌청룡 우백호'라 하겠다. 모차르트와 하이든 교향곡에서 비록 많은 녹음을 남기지는 않았지만 셸의 고전미를 탐색하는 데 유용한 아이템이다.

존 바비롤리

영국 지휘계의 자존심

영국은 클래식 음악계에서 매우 독특한 나라로 분류된다. 펭귄 가이드나 그라모폰 등 레코드 비평에서는 최고 수준을 자부하며, 런던의 공연장에는 날마다 이름값 높은 음악가들의 연주가 줄을 잇지만 정작 자국의 오케스트라는 독일이나 오스트리아의 일류 교향악단과 경쟁할 수준이 못 된다. 저가부터 최고급 하이파이에 이르기까지 고루 수준 높은 오디오를 생산하는 '오디오 선진국'이면서도 무지크페라인이나 콘세르트허바우 홀처럼 음향이 좋은 콘서트 홀이 드물다. 바로크 시대의 퍼셀에서 후기 낭만 시절의 엘가 사이에 자국의 변변한 작곡가 하나 없는 영국은 전통적인 '음악 수입국'의 굴레에서 벗어날 수 없었다.

그래서일까? 영국 음악계는 '팔이 안으로 굽는' 현상이 유독 심하다. '팔불출' 영국이 자랑하는 자국 출신의 지휘자는 많지만 정작 마에스트로라는 칭호를 붙이기에 충분한 자격을 갖춘 이는 그리 많지 않다. 영국 지휘계의 큰 스승이라면 1879년생의 토머스 비첨 경이 있다. 그러나 '아마추어적인 순수한 애정'으로 대변되는 그의 지휘철학 때문에 오늘날 그의 추종자가 적을 수밖에 없다. 영국 지휘계의 자존심을 세운 최초의 인물은 아무래도 존 바비롤리(John Barbirolli, 1899~1970)의 차지이다. 그가 녹음한 말러나 시벨리우스는 영국뿐 아니라 전 세계적으로도 사랑을 받았으며 비운의 첼리스트 자클린느 뒤 프레를 지원한 엘가 첼로 협주곡 음반은 '전설'이라는 호칭을 붙이는 데 전혀 이견이 없다.

바비롤리는 이탈리아 혈통의 로렌초 바비롤리를 아버지로, 프랑스 혈통의 루이 마리를 어머니로 하여 런던에서 태어났다. 핏줄로는 전혀 영국인이라 할 수 없고, 본명도 조반니(Giovanni) 바티스타 바비롤리로 온전한 이탈리아식 이름이었지만 영국의 지휘자인 존(John)으로 길러졌다. 그는 토스카니니와 유사하게 첼리스트 출신 지휘자이다. 4살 때부터 바이올린을 연주한 바비롤리는 악기를 곧 첼로로 바꾸었고 불과 12세 때 퀸즈 홀에서 첼리스트로 데뷔하게 된다. 퀸즈 홀 오케스트라에 어린 나이로 입단하게 된 그는 강도 높은 일정과 개인 연주회를 소화해내면서 음악인으로서 성숙을 다져나갔다. 본인의 언급대로

'길거리를 제외한 모든 곳'에서 연주를 한 셈이다. 제1차 세계대전이 종전을 맞이한 해인 1918년에는 군에 입대하여 군대 오케스트라에서 틈틈이 지휘봉을 잡기도 했다.

다시 사회로 복귀한 바비롤리는 1919년 런던 심포니 오케스트라의 첼로 단원으로 활동하던 중 운명적인 곡을 만나게 된다. 그 곡은 자클린느 뒤 프레와 함께 그의 이름을 불멸의 세계로 인도한 엘가의 첼로 협주곡이었다. 10월 27일 엘가의 지휘와 첼리스트 펠릭스 잘몬트의 협연으로 이루어진 초연날, 바비롤리는 런던 심포니 오케스트라의 단원으로서 첼로를 잡았다. 안타깝게도 부족한 리허설 시간과 곡의 우울한 정서가 맞물려 초연은 실패에 가까웠다. 바비롤리는 1년 뒤인 1920년 본인이 독주자로 동일한 곡을 연주했으나 성공을 거두지는 못했다. 그가 지휘봉을 잡고 뒤 프레가 첼로를 연주한 1965년 음반에 와서야 이 곡은 비로소 그 가치를 인정받게 된다.

1926년 첼시에서 조직된 체닐 체임버 오케스트라(이후 '존 바비롤리 체임버 오케스트라'가 됨)를 이끌며 지휘자의 야망을 키우던 바비롤리는 마침내 뉴캐슬에서 열린 구노의 「로미오와 줄리엣」 공연을 통해 오페라 지휘자로 데뷔를 하게 된다. 지휘자로서의 명성이 점점 높아지는 가운데 1936년 돌연 뉴욕 필하모닉의 음악감독으로 취임하여 큰 화제를 낳았다. 비평가들은 바비롤리에 대해 호의적이지 않았지만 그의 미국 시절은 1942년까지 지속되었다. 도중 첫 번째 부인과 이혼하고 오보에 주자 이블린 로스웰과 재혼하여 사생활에 변동이 있었다. 뉴욕에서 이후

시즌의 콘서트를 제안 받았고 LA 필하모닉에서도 러브콜이 있었지만 바비롤리는 모두 거부했다. 그는 제2차 세계대전이 한창인 무렵 바다를 건너 영국으로 되돌아가는 모험을 감행하여 주위를 놀라게 했다. 윈스턴 처칠도 공포에 질리게 한 '대서양의 늑대' 독일 잠수함 U-보트의 위협도 통하지 않았다.

무사히 고국에 도착한 억세게 운 좋은 사나이 바비롤리는 이후 할레 오케스트라의 수장이 되어 악단의 수준을 향상하는데 온 힘을 쏟았다. 맨체스터의 지지부진한 악단이었던 할레 오케스트라는 이때부터 진정한 '바비롤리의 악기'가 되어 뛰어난 오케스트라로 성장세를 이어나갔다. 브루크너 교향곡 7번을 리허설하는 영상에서 바비롤리는 토머스 비첨과는 달리 참을성이 적고 무척 예민해 보인다. 칠순의 나이에도 레코딩과 콘서트 활동을 멈추지 않았던 그는 1970년 심장발작으로 런던의 자택에서 돌연 타계했다.

바비롤리의 디스코그래피 중 가장 높은 비중을 차지하는 것은 시벨리우스와 말러의 교향곡이다. 한 곳의 정점으로 수렴하는 시벨리우스와 무한으로 발산하는 말러, 두 작곡가를 모두 노련하게 지휘했다는 것이 놀랍기만 하다. 시벨리우스 교향곡 할레 오케스트라 전집(EMI)에서 바비롤리는 고도의 집중력을 통해 냉정과 열정 사이를 오가며 작곡가의 음표를 집요하게 파고든다.

말러의 교향곡 중에서 교향곡 6번과 9번은 필청 음반으로 꼽힌다. 특히 바비롤리가 1964년에 녹음한 말러 교향곡 9번 음반(EMI)은 이후 번스타인, 카라얀, 아바도로 이어지는 '베를린 필하모닉 말러 9번 신화'의 첫 페이지라는 큰 의미가 있는 레코딩이다. 말러에 무관심했던 단원들에게 그것은 하나의 체험이자 신선한 충격이 아닐 수 없었다. 절절한 비애감을 자연스럽게 살린 명연으로 망치로 가슴을 치는 듯한 번스타인의 해석과 여러 면에서 대조를 이룬다.

오이겐 요훔

독일적 카펠마이스터의 전형

브루크너의 명지휘자라고 하면 요즘은 반사적으로 첼리비다케나 귄터 반트를 떠올린다. 그러나 그들보다 10년 선배격인 지휘자인 오이겐 요훔(Eugen Jochum, 1902~1987)이 더 이른 시기에 브루크너의 혼을 뜨겁게 지폈음을 잊어서는 안 되겠다. 물론 그가 브루크너를 다루는 방식은 구세대적으로 느껴지기도 하다. 바그너를 지휘하듯 다소 흥분하는 경향도 있고 교향곡 4번 피날레에 심벌즈 가필을 복원하기도 하지만 작곡가에 대한 깊은 애정과 통찰력만큼은 훼손될 수 없을 것이다.

'오스트리아의 야인' 같은 브루크너의 기질과 요훔의 소박한 천성은 많은 공통점이 있다. 학창시절 피아노와 함께 오르간을 배운 경력 또한 브루크너의 오르간 사운드를 구현하는 데 큰 도움이 되었으리라 본다. 가톨릭 신자였던 그는 브루크너의 교향곡뿐만 아니라 종교음악에도 높은 애정을 보였는데 이 점에서 브루크너의 종교음악을 전혀 다루지 않았던 반트와 크게 차별화된다.

1902년 독일 바이에른의 바벤하우젠에서 태어난 요훔은 가톨릭적인 가정환경에서 음악을 접하며 성장해나갔다. 형 오토 요훔은 합창 지휘자이자 작곡가로, 동생 게오르그 루트비히 요훔은 지휘자로 활동할 정도로 집안에는 음악적인 분위기가 넘치고 있었다. 열혈 브루크너 애호가라면 오이겐 요훔이 동생과 함께 완성시킨 브루크너 교향곡 전집(Tahra)을 신주단지 모시듯 고이 소장하고 있을 것이다.

바벤하우젠에서 가까웠던 아우스부르크에서 피아노와 오르간을 전공하던 요훔은 뮌헨에서 지그문트 폰 하우제거에게서 지휘법을 배우게 된다. 하우제거는 1932년 4월 2일 브루크너 교향곡 9번을 작곡가의 자필보에 근거하여 최초로 연주한 인물로, 브루크너 악보에 있어 원전판 복원 사업에 중대한 역할을 했다. 제자들이 무단으로 개정하여 정통성이 없는 악보로 연주되던 브루크너 교향곡 연주사의 폐단을 바로잡는 데 앞장을 선 것이다. 스승 하우제거의 가르침은 필연적으로 요훔에게 브루크너에 관한 관심을 증폭시켰다. 그 결과 요훔은 1926년 불과 24세의 나이로 뮌헨 필하모닉에서 브루크너 교향곡 7번으로 데뷔 콘서트를 가지기에 이른다. 그 후 키엘 오페라 극장과 만하임 및 뒤스부르크에서 지휘봉을 잡으며 활동을 이어나갔다.

1932년에는 드디어 베를린 방송교향악단의 상임 지휘자를 맡게 되어 독일음악의 중심지에 서게 되었다. 동시에 베를린 필하모닉과 도이치 오퍼에서 객원 지휘자로도 맹렬히 활동했다. 2년 뒤 요훔은 카를 뵘의 후임으로 함부르크 오페라 극장과 함부르크 필하모닉의 음악감독이 되었고, 종전 후인 1949년에는 바이에른 방송교향악단의 설립자이자 초대 상임 지휘자가 되었다. 바이로이트 극장에서도 지휘봉을 잡았는데 1950년대에는 바그너의 「트리스탄과 이졸데」 「로엔그린」을 1973년에는 「파르지팔」을 지휘했다. 1961~1963년에는 하이팅크와 함께 암스테르담 콘세르트허바우 오케스트라(현재 로열 콘세르트허바우 오케스트라)의 공동 상임 지휘자를 역임했고 1969년에서 1973년 사이에는 밤베르크 교향악단의 상임 지휘자로 활동했다. 런던에서도 큰 활약을 보여 1975년 런던 심포니 오케스트라는 그에게 계관 지휘자의 명예를 수여했다.

1981년 카를 뵘이 세상을 떠났을 때 추모 콘서트를 지휘한 사람은 바로 요훔이었다. 요훔은 뵘이 죽음으로 미처 완성하지 못한 폴리니의 베토벤 피아노 협주곡 사이클에서 1번 및 2번을 지휘하여 뵘의 정신성에 가장 근접한 지휘자로 언급된다. 다만 뵘과 미소한 차이점이 있다면 가끔 흥분하는 템포감각을 구사했다는 것일 것이다. 만년에 밤베르크 교향악단이나 로열 콘세르트허바우 오케스트라와 함께 속세를 초월한 듯한 경지의 녹음을 남긴 요훔은 뮌헨에서 84세로 세상을 떠났다.

요훔의 디스코그래피에서 가장 높은 비중을 차지하는 작곡가는 역시 브루크너이다. 베를린 필하모닉, 바이에른 방송교향악단과 함께 남긴 브루크너 교향곡 구전집(DG)과 드레스덴 슈타츠카펠레 신전집(EMI)은 그의 소중한 유산이지만 요즘에는 인기가 예전 같지 않다. 특출한 연주가 담긴 낱장을 먼저 권해본다. 브루크너 교향곡 5번은 요훔을 대표하는 상징적인 레퍼토리이다. 이 곡에 한해 5종의 음반을 남길 정도로 그의 '5번 사랑'은 남달랐다. 그중에서도 연주시간이 83분에 달할 정도로 대작의 위용을 갖춘 로열 콘세르트허바우 오케스트라 실황녹음(Tahra)이 첫손에 꼽힌다. 완급의 조절이 능숙하여 추진력과 서정성이 고루 조화되어 있고 악단은 찬란한 오르간 사운드를 뿜어낸다. 세상을 떠나기 불과 4달 전의 연주로 이 정도면 가히 해탈의 경지라 할 수 있다.

브루크너 교향곡 7번 로열 콘세르트허바우 오케스트라 일본 실황녹음(Altus)도 함께 추천한다. 무려 75분이 넘는 연주로 느리기로는 첼리비다케와 자웅을 겨루는 음반으로, 제1악장의 트레몰로와 첼로 주제만 들어보아도 곡에 대한 지휘자의 남다른 애정이 느껴진다. 느린 템포 속에서 장대한 클라이맥스를 쌓아가는 제2악장의 감동은 타 음반의 추종을 불허한다.

클래식 음악 초심자 혹은 브루크너의 음악이 너무 거창하고 장황하다고 생각하는 애호가라면 카를 오르프의 「카르미나 부라나」 녹음(DG)을 권한다. 작품의 스펙터클한 측면에 주력한 후발 녹음이 많지만, 이 녹음의 유일무이한 권위는 지금도 유효하다. 군둘라 야노비츠의 청순한 가창과 디트리히 피셔-디스카우의 멋진 고음이 시너지를 창출한다.

예브게니 므라빈스키

정예부대 오케스트라의 총통 지휘자

구소련에는 두 명의 예브게니가 지휘자로 명성을 날리고 있었다. 모스크바의 예브게니 스베틀라노프와 상트페테르부르크의 예브게니 므라빈스키(Evgeny Mravinsky, 1903~1988)는 거의 모든 면에서 대조적이었다. 불곰을 닮은 스베틀라노프는 제정 러시아 시절의 낭만성을 되살리는 해석을 선호하지만, 독수리를 닮은 므라빈스키는 날카롭고 삭막한 해석을 구사했다. 스베틀라노프의 장기가 라흐마니노프와 스크랴빈이었다면 므라빈스키의 장기는 단연 쇼스타코비치였다. 므라빈스키는 차이콥스키마저도 치밀한 매스게임이나 사회주의 리얼리즘의 방식으로 다루었다고 할 수 있다.

일본에서 예브게니 므라빈스키는 주로 '므라 총통'이라는 별명으로 불린다. "경고하겠어요. 몇 사람이 지금 지시를 정확히 지키지 않는군요."라고 말하는 리허설 영상의 살벌한 광경을 보고 있노라면 지휘자라기보다는 전쟁사령관에 더 가까운 느낌이다. 실수를 반복했다가는 시베리아에 끌려갈 것만 같은 섬뜩한 긴장감이 감돈다. 므라빈스키의 지휘봉은 정확하며 요점만 간결하게 전달한다. 과장된 지휘 자세나 퍼포먼스적인 요소는 도무지 찾을 수 없다. 지휘봉에 '찰싹' 달라붙은 레닌그라드 필하모닉은 정예부대요, 단원들은 고난도 임무를 수행하는 부대원인 셈이다.

므라빈스키는 1903년 제정 러시아의 수도 상트페테르부르크에서 태어났다. 상트페테르부르크는 사회주의 시절 레닌의 이름을 딴 레닌그라드로 불리다가 오늘날 다시 본래 이름으로 불리는 사연 많은 곳이다. 마린스키 극장과 푸시킨으로 유명한 상트페테르부르크에 오게 되면 과연 이곳이 러시아인가 서유럽인가 혼란스러울 정도로 우아하고 호화로운 궁전이 압도적인 자태를 뽐낸다. '스탈린 고딕' 혹은 '웨딩 케이크 건축 양식'이라 불리는 모스크바 대학이 모스크바의 현대적인 유연성을 상징한다면 네바 강 변을 따라 녹색 외벽, 흰 기둥, 금색 장식이 어우러진 겨울 궁전은 상트페테르부르크가 얼마나 서유럽의 전통을 흠모하고 따랐는지를 여실히 보여준다. '인민 발레'로의 각색을 자유롭게 구사한 모스크바의 볼쇼이 극장과 제정 러시아 시절의 원전 안무를 비교적 충실하게 보존해온 상트페테르부르크의 마린스키 극장(사회주의 시절에는 키로프 극장)만 보아도 두 도시의 경향을 직관적으로 파악할 수 있다.

아버지 알렉산드르 콘스탄티노비치 므라빈스키는 니콜라이 2세 차르의 장군이었는데 므라빈스키의 음악 속에 흐르는 '장군의 피'가 DNA에 박혀있던 셈이다. 젊은 시절에 바가노바 발레 학교의 피아니스트로 활동하기도 했던 그는 대학에서 생물학을 전공하다가 1년 만에 레닌그라드 콘서바토리로 옮겨 음악을 공부했다. 1938년 모스크바에서 열린 소련 지휘 콩쿠르에서의 우승은 그의 이력에 위대한 출발을 장식하기에 이른다.

1938년 10월부터 세상을 떠나게 된 1988년에 이르기까지 므라빈스키는 무려 50년의 기간 동안 레닌그라드 필하모닉의 상임지휘자를 역임했다. 이는 한 지휘자가 한 오케스트라의 수장으로서 누릴 수 있는 최장기간이라 하겠다. 스탈린상, 레닌상을 비롯한 각종 수상에다가 '인민 예술가'라는 칭호도 부여되어 명실상부한 소련 최고 지휘자로 군림했다. 서독, 동독, 오스트리아, 스위스, 영국, 일본, 미국에서의 투어도 그의 명성을 알리는 데 큰 역할을 했다. 러시아 '군대'의 매서운 연주는 당시 비평가들과 애호가들에게 놀라운 충격이었다.

므라빈스키는 쇼스타코비치의 교향곡을 초연하여 명성을 얻었는데 특히 쇼스타코비치의 교향곡 5번의 초연은 숙청의 위기에 몰린 작곡가를 순식간에 '인민의 영웅'으로 탈바꿈시킨 전설이 되었다. 므라빈스키는 그 후에도 쇼스타코비치의 교향곡 6번, 8번, 9번, 10번, 12번을 초연했다. 8번의 경우에는 아예 교향곡의 헌정자가 되기도 했다. 1960년경 논란의 소지가 많은 텍스트를 삽입한 교향곡 13번 「바비야르」의 지휘를 실질적으로 거부한 것이 작곡가에게 큰 상처를 주어 둘의 동지애는 다소 쓸쓸한 결말을 맞이했다.

므라빈스키의 디스코그래피는 거의 모든 연주가 그의 수족과 같았던 레닌그라드 필하모닉에 의해 이뤄져 있다. 베토벤이나 브람스는 물론 심지어 브루크너나 드뷔시의 작품도 녹음을 남겼으나 그의 지휘예술을 느끼기 위해서는 먼저 쇼스타코비치를 들어보아야 한다. 쇼스타코비치 교향곡 중 5번, 6~8번, 10~12번, 15번을 녹음으로 남겼는데 5번이 가장 대중적으로 추천할 만하다. 쇼스타코비치 5번의 많은 녹음 중에서도 연주의 수준과 음질을 고려해볼 때 1973년 일본 도쿄 문화회관 실황 녹음(Altus)이 결정판으로 꼽힌다. 므라빈스키는 다른 지휘자들보다 5번 피날레의 D장조 종결 부분을 느릿하고 장대하게 끝맺고 있어 피날레의 무게중심을 확고히 세우는 해석을 들려준다. 도이치 그라모폰에서 발매된 차이콥스키 교향곡 4~6번 또한 오랫동안 사랑받는 명반으로 음악애호가들에게 필수 아이템으로 손꼽히고 있다. 서방 악단의 연주와 비교해볼 때 가장 큰 차이점은 차이콥스키 특유의 감상주의를 배제하고 있다는 것이다. 자극적인 팡파르가 시원한 4번, 대륙의 정서를 잘 보여준 5번, 가슴을 때리는 비애를 굳은 표정으로 형상화한 6번 「비창」 모두에서 그의 '전설'을 만나게 된다.

헤르베르트 폰 카라얀

매끄러운 너무나 매끄러운

헤르베르트 폰 카라얀(Herbert von Karajan, 1908~1989)은 지휘자의 '대명사'격인 인물이다. 마치 파바로티가 테너의 대명사인 것처럼. 카라얀이 최고의 지휘자였는지에 대해서는 의문을 품을 수 있어도 그가 전 세계적으로 가장 유명한 지휘자라는 점에는 아마 이견이 없을 것이다. 국내에 CD가 보편화되지 않아 클래식 음반이 귀한 시절에도 8장이나 되는 카라얀의 베토벤 교향곡 LP 전집은 곳곳마다 가정의 품위를 높여주었다. 특히 신비롭게 두 눈을 감은 그의 숭고미가 돋보이는 사진은 지휘자의 표상과도 같은 것이었다.

베를린 필하모닉의 상임지휘자로 군림하여 일평생 로마 황제처럼 살았을 것 같은 카라얀도 초기 지휘 시절은 보잘 것 없었다. 독일의 소도시 울름의 오페라 지휘로 시작한 그의 지휘 경력은 아헨의 오페라 극장으로 이어졌다. 1933년에는 스스로 나치당에 입당하게 되는데 훗날 그를 두고두고 괴롭혔던 도덕적 약점이 되었다. 1937년에 빈의 오페라 극장에서 바그너의 「트리스탄과 이졸데」로 데뷔했고 1년 뒤에는 베를린 필하모닉에 데뷔했다. 종전 후 카라얀은 나치당에 가입하고 협조한 증거 탓에 얼마간 활동을 할 수 없었으나 다행히 지휘를 재개할수 있게 되었다.

1949년 라 스칼라 극장에서의 눈부신 활약은 단지 시작에 불과했다. 1955년에는 베를린 필하모닉의 음악감독으로 임명받고 1957년에는 빈 슈타츠오퍼의 음악감독이 되어 지휘자로서 최고의 위치에 오른 '음악의 제왕'이 되었다. 이후 전체 음악계가 가히 카라얀의 전성시대라 할 만한 것이었다. 또한, 그는 음반산업을 부흥시켜 음악 제국을 건립한 장본인이기도 했다. 초창기 CD의 연주시간이 1시간을 초과하는 75분 정도로 정해진 것도 베토벤 교향곡 9번 「합창」을 끊김 없이 들을 수 있어야 한다는 카라얀의 자문 덕분이라고 한다.

카라얀의 지휘미학 중 가장 중요한 것은 '레가토'이다. 음을 부드럽게 잇는 레가토에 대한 집착은 리허설 DVD만 보아도 알 수 있다. 그가 일평생 저주했던 것은 악보에 있는 세로줄로, 단원들이 세로줄 때문에 다운비트에 불필요한 악센트를 넣는 것을 가장 싫어했다. 또한 현악주자들에게 활이 바뀌더라도 소리가 계속 이어질 수 있도록 반복하여 요구했다. 그가 생각하는 이상적인 현악기 소리는 100미터쯤 되는 긴 활로 8마디고 16마디고 명주실 뽑듯이 끊임없이 연주되는 소리였다. 만약 카라얀이 메이크업 아티스트였다면 코앞에서 봐도 모공이 전혀 보이지 않게 꼼꼼하고 완벽한 화장법을 구사했을 것이다.

또한 카라얀이 다른 지휘자와 차별화되는 것은 오페라 지휘에 있다. 이탈리아 오페라와 독일 오페라를 모두 잘 다루는 지휘자는 극히 드문 것으로, 비록 토스카니니의 선례가 있지만 카라얀만큼 압도적이지는 않다. 그는 모차르트, 베르디, 바그너, 푸치니, R. 슈트라우스의 거의 모든 표준 레퍼토리를 높은 수준으로 소화해냈다. 카라얀이 빈 슈타츠오퍼에서 이루었던 가장 큰 공적은 그전까지 가수들이 독일어로 이탈리아 오페라를 부르던 관습을 없애고 원어 그대로 부르도록 했다는 것이다. 지금은 독일어로 「아이다」나 「라 보엠」을 부르는 것이 어색하게 느껴지지만, 당대에는 오히려 독일이나 오스트리아에서 이들 오페라를 이탈리아어로 부르는 것을 상상하기 어려운 실정이었다. 리트나 오페라의 언어는 열대성 화초와 같아서 재배지를 옮기는 동시에 생존할 수 없다. 그러한 점에서 카라얀의 공적은 결코 과소평가 될 수 없다.

'음악 황제' 카라얀의 만년은 쓸쓸했다. 1980년대 초반 젊은 여성 클라리네티스트 자비네 마이어의 수석단원 영입문제를 두고 베를린 필하모닉과 첨예하게 대립하기 시작하면서 '레임덕'은 시작되었다. 베를린 필하모닉은 카라얀과 함께하는 동안 이미 지휘자의 통제를 벗어난 독자적인 인격체로 훌쩍 성장해버렸다. 악단은 본격적으로 후임자를 거론하기 시작했고 카라얀은 1989년 결국 은퇴를 선언했다. 카라얀의 마지막 동반자는 빈 필하모닉이 되었고 그의 마지막 레코딩(브루크너 교향곡 7번) 또한 34년간 함께 해온 베를린 필하모닉이 아닌 빈 필하모닉이 장식하게 되었다.

카라얀의 디스코그래피는 너무나 방대해서 제외할 것부터 먼저 언급하기로 한다. '브란덴부르크 교향곡'으로 악명 높은 바흐 녹음을 비롯한 바로크 레퍼토리, 그리고 부한 사운드와 둔중한 접근으로 생명력을 휘발시킨 하이든, 모차르트, 슈베르트 녹음은 카라얀 완벽 컬렉터에게나 어울리는 것이다. 현악 위주의 독일적 관습을 벗어던지지 못한 스트라빈스키 「봄의 제전」이나 버르토크 「오케스트라를 위한 협주곡」은 피하는 것이 좋다. 협연자를 잡아먹을 듯 관현악 폭격을 일삼는 협주곡 녹음도 권할만한 것이 못 된다.

그 외에는 어떤 것을 구매해도 큰 실패가 없을 것이다. 카라얀은 클래식 음악의 음원을 프랜차이즈 레스토랑화 했다고 할 수 있을 정도로 품질의 표준화를 일구어낸 위인이다. 1960년대 녹음된 베토벤 교향곡 전집(DG), 지휘자의 마지막 녹음으로 '백조의 노래'가 된 브루크너 교향곡 7번(DG), 림스키-코르사코프 「셰에라자드」, 드뷔시 「바다」 1960년대 녹음(DG)은 반드시 들어보아야 한다. 오페라 분야에서는 「라 보엠」(Decca), 「살로메」(EMI), 라 스칼라 오페라와의 호흡이 멋진 「팔리아치」 「카발

레리아 루스티카나」(DG), 「투란도트」(DG), 「돈 카를로」(EMI), 「오
텔로」(Decca), 「파르지팔」(DG)이 먼저 거명되어야 할 것이다.

　많은 추천음반에도 불구하고 카라얀만의 독자적인 미학과
매력은 다름 아닌 소품집에서 느낄 수 있다. 앞서 언급한 오페
라 간주곡집(DG), 베버 서곡집(DG), 로시니 서곡집(DG), 베르디
서곡집(DG), 바그너 전주곡집(EMI), 주페 서곡집(DG)을 들어보
라. 어찌 이 지휘자를 미워할 수 있겠는가.

세르지우 첼리비다케

무아의 최면상태로 이끄는 황소걸음

TV드라마 「베토벤 바이러스」에서 독설을 입에 달고 있던 지휘자를 보면서 가장 먼저 떠오른 지휘자가 있었다. 바로 독설의 달인 세르지우 첼리비다케(Sergiu Celibidache, 1912~1996)이다. 인터뷰에서 그는 다른 지휘자에 대해 촌철살인 격의 독설을 날려 많은 이에게 충격과 웃음을 주었다. 토스카니니는 '음표 공장'이고 카를 뵘은 '감자 포대'이며 번스타인은 '아예 내 세계에 존재하지 않는 인간'이라고 무시한다. 카라얀에 대해 '유능한 비즈니스맨 아니면 귀가 먹은 인간'이라 언급하고 리카르도 무티에 대해서는 "재능은 있되 너무 무식하다."라고 큰 소리로 꾸짖는다. 무엇보다도 아바도에 대한 언급이 압권이다. "한마디로 재앙이지. 전혀 재능 없는 자라고나 할까. 나는 아무것도 먹지 않고 3주일을 버틸 수 있지만, 그의 지휘를 3시간만 듣는다면 심장발작이 일어나지."

첼리비다케의 '독설 어록' 중 가장 유명한 것 중 하나는 바로 레코딩에 관한 것이다. 그는 "음반을 듣는 것은 육체파 배우 브리지트 바르도의 사진을 껴안고 침대에 가는 것이다."라고 하며 평생 음반 녹음을 거부했다. 즉 진정한 예술적 체험은 콘서트 홀이나 극장에서만 느낄 수 있는 것이며 그가 지휘한 음악을 들으려면 그가 있는 곳으로 달려가는 방법 외에는 다른 수가 없었다. 하지만 첼리비다케의 도도한 철학은 다름 아닌 바로 유족들의 동의로 무너졌다. 그의 사후 자료용으로 남아있는 음원을 음반으로 파는 것이 허락되어 많은 이들이 음반을 통해 첼리비다케의 '전설'을 들을 수 있게 된 것이다.

첼리비다케는 1912년 루마니아에서 태어나 루마니아의 수도 부쿠레슈티에 있는 부쿠레슈티 대학에서 철학과 수학을 배웠다. 아버지는 아들을 루마니아에서 정치가로 키우려 했지만 첼리비다케는 1936년에 독일로 떠나 베를린 대학에서 전공을 이어나가면서 베를린 예술대학에서는 음악을 배웠다. 이 시기 마르틴 슈타인케의 불교 이념은 그에게 깊은 영향을 끼쳤다. 그의 예술에서 느껴지는 일종의 선불교적인 요소가 이때부터 잉태되었다고 볼 수 있다.

첼리비다케의 인생에서 가장 뼈아픈 기억은 바로 베를린 필하모닉과의 일이다. 1945년 푸르트벵글러가 친 나치당 활동때문에 지휘를 할 수 없게 된 후 그는 베를린 필하모닉의 지휘봉을 잡게 되었다. 1946년 베를린 필하모닉의 상임지휘자로 추대된 첼리비다케는 패전으로 힘든 나날을 보내던 악단과 '동고동락'하며 자신을 헌신했다. 1947년에는 푸르트벵글러가 무죄판결을 받아 베를린 필하모닉에 복귀했고 이변이 없는 한 푸르트벵글러 사후 그는 충분히 상임지휘자가 될 위치에 있었다.

1954년 푸르트벵글러가 세상을 떠나게 되자 단원들은 첼리비다케 대신 음악 비즈니스에 밝았던 카라얀을 선택했다. 밀라노 라 스칼라 극장의 음악감독 카라얀에게 베를린 필하모닉의 절대 권력을 줬고 깐깐하고 융통성 적은 첼리비다케는 악단에 대한 철저한 배신감을 맛보아야만 했다. 온갖 독설로 단원들을 해고하겠다고 위협하는 '군기반장'을 좋아할 단원은 현실적으로 없다. 첼리비다케는 1992년 베를린 필하모닉과 콘서트를 가지기 전까지 무려 38년간 동악단의 포디움에 서지 않았다. 그의 베를린 필하모닉 복귀 콘서트로 처음이자 마지막이 되어버린 공연의 레퍼토리는 브루크너 교향곡 7번이었다.

그 후 첼리비다케는 슈투트가르트 방송교향악단, 로열 덴마크 오케스트라, 뮌헨 필하모닉을 거치면서 그만의 독자적인 세계를 구축해냈다. '황소걸음'의 느린 템포로 대변되는 첼리비다케의 전형적 모습은 주로 1979년부터 맡았던 뮌헨 필하모닉 상임 지휘자로서의 면모이다. 슈투트가르트 방송교향악단 영상물(Arthaus)에서 보이듯이 댄스를 방불케 하는 역동적인 지휘 자세를 구사했던 그는 지휘봉의 젓는 속도를 점차 느리게 설정하여 무아의 최면상태를 이끌었다. 첼리비다케는 엄청난 액수의 연봉을 요구하여 뮌헨 음악계를 당혹스럽게 만들기도 했지만 뮌헨은 절대 그를 떠나 보낼 수 없었다. 만년에는 주로 앉아서 지휘했는데 몸이 불편했음에도 불구하고 1996년 죽기 전 몇 달을 제외하고는 손에서 지휘봉을 절대 놓지 않았다.

첼리비다케 에디션으로 발매된 그의 뮌헨 필하모니 음반 중 브루크너 교향곡집(EMI)이 으뜸으로 손꼽힌다. 브루크너 교향곡 전곡을 녹음한 것은 아니고 3번에서 9번까지만 녹음을 남기고 있는데 특히 4번, 6번, 8번이 빼어나다. 교향곡 8번의 경우 통상적인 연주시간이 80분을 훌쩍 넘겨 100분을 초과한다. 첼리비다케의 '느림의 미학'이 브루크너 레퍼토리에서 절정으로 발휘되어 가히 도인의 경지에 이르렀다고 할 수 있겠다. 교향곡 4번 「로맨틱」 첫 부분의 1초만 들어도 트레몰로 소리가 다른 지휘자와 다른 것을 직감할 수 있다.

첼리비다케의 브루크너를 정복했다면 다음에는 브루크너가 평생을 다해 존경했던 작곡가인 바그너의 레코딩(EMI)으로 옮아갈 차례이다. 그의 바그너는 탁월한 중량감 속에 색채와 향기를 품고 있어 더욱 놀랍다. 다소 늘어지게 들리는 베토벤은 선뜻 추천하기 어렵지만 지휘자의 상성이 비교적 잘 맞는 레퍼토리인 슈만과 브람스는 일청을 권한다. 브람스 교향곡 4번은 Altus 레이블에서 발매된 도쿄 실황이 더욱 탁월하다.

첼리비다케의 진미는 러시아와 프랑스 작곡가에게서도 느낄 수 있다. 관능미의 절정을 보이는 림스키-코르사코프 「셰에라

자드」(EMI)나 슬픔의 미학을 고급스럽게 표현한 차이콥스키 후
기 교향곡집(EMI)을 놓칠 수 없다. 구석구석 골고루 야하게 들
리는 드뷔시 「이베리아」(EMI)나 라벨 「볼레로」(EMI)도 가히 음
향의 쾌락을 이룬다. 드뷔시 「목신의 오후 전주곡」과 라벨 「스
페인 랩소디」가 수록된 영상물(EuroArts)은 지휘봉의 마법이 어
떻게 구현되는지를 관찰할 수 있는 귀중한 아이템이다.

게오르그 솔티

악쓰는 해골의 거침없는 사마귀 댄스

세상에는 '자음형 지휘자'가 있고 '모음형 지휘자'가 있다. 음의 지속을 강조하여 노래를 구축하는 '모음형 지휘자'의 대명사로 카를로 마리아 줄리니를 꼽는다면, 정확한 타이밍과 강력한 리듬을 강조하는 '자음형 지휘자'의 대명사는 바로 게오르그 솔티(Georg Solti, 1912~1997)가 될 것이다. 느린 악장에서조차 첫 박이 울리기 전의 예비 박의 동작을 그처럼 찌르는 듯이 날카롭게 하는 지휘자는 솔티가 유일무이하지 않을까. 흡사 '사마귀 댄스'를 방불케 하는 지휘 동작 때문에 단원들은 어디로 튈지 모르는 지휘봉에 위협을 느꼈으리라.

솔티의 지휘 동작만큼이나 그가 만드는 음악 또한 위협적이다. 음의 어택(성악과 기악에서 음을 발생·지속·소멸의 세 단계로 나눌 때 발생 부분)이 빠르고 직설적이며 시종일관 창끝처럼 날카로운 사운드가 지배적이다. 음악의 관능적인 살결보다는 뼈와 근육을 취하는 셈이다. 많은 헝가리 지휘자가 그렇듯 머리숱이 없었던 솔티는 특징적인 외모 덕분에 유명한 별명을 갖기도 했다. 단원들은 그에게 영화 제목과 같은 '악쓰는 해골(screaming skull)'이란 별명을 지어주었는데 이 별명처럼 그를 잘 묘사한 단어가 또 있을까 싶다.

솔티라는 이름은 브루노 발터의 경우처럼 본명이 아니다. 솔티는 본래 죄르지 스턴이라는 이름으로 부다페스트에서 헝가리계 유대인으로 태어났으나 아버지는 유럽의 반유대주의를 우려하여 죄르지를 독일식 이름인 게오르그로, 스턴을 솔티로 개명했다. 솔티는 프란츠 리스트 음악원에서 버르토크, 코다이, 에른스트 폰 도흐나니 등 유명한 작곡가들에게 가르침을 받았다. 1936년과 1937년에는 잘츠부르크 페스티벌에서 토스카니니의 조수 역할을 했고 1937년에는 그의 지휘봉에 맞추어 파파게노의 악기인 글로켄슈필(철금 혹은 종금이라고도 불리는 타악기)을 연주하기도 했다.

솔티는 1938년 부다페스트 오페라에서 「피가로의 결혼」을 지휘하여 데뷔했다. 제2차 세계대전의 광풍이 헝가리에까지 미치게 되자 스위스로 떠났는데 그곳에서 지휘봉을 잡을 기회는 좀처럼 오지 않았다. 대신 그는 1942년 제네바 국제 피아노 콩쿠르에서 우승하여 피아니스트로의 경력을 시작한다. 지휘자로서의 본격적인 경력은 전후에야 비로소 시작되었다고 볼 수 있다. 1947년에서 1951년까지 솔티는 바이에른 국립 오페라극장의 음악감독을, 1952년에서 1961년까지는 프랑크푸르트 오페라의 음악감독을 지냈으며 1961년부터 1971년까지는 런던 코벤트 가든 로열 오페라의 수장을 맡았다. '악쓰는 해골(screaming skull)'이란 별명은 바로 런던의 로열 오페라 시절 붙여진 것이고 이름 앞에 붙는 '경(Sir)' 또한 영국 오페라에서의 공로를 인정받아 수여 받은 것이다.

솔티는 1969년 시카고 심포니 오케스트라의 총감독이 되어 1991년 사임할 때까지 악단을 성공적으로 이끌었는데 이때가 시카고 심포니 오케스트라의 황금기로 일컬어진다. 아돌프 허셋의 황금빛 트럼펫과 데일 클레벤저의 찬란한 호른이 빛났던 '시카고 브라스'는 이제 하나의 전설이 되었다. 정력적인 콘서트 활동과 숱한 레코딩으로 그는 만년에도 영원한 청년처럼 지휘했다. 1997년 3월 13일 자 동아일보에 '86세, 여전한 솔티'라는 기사가 실릴 정도로 영원한 현역일 줄만 알았던 그는 1997년 9월 5일 돌연 세상을 떠났다. 그의 공식적인 마지막 레코딩은 세상을 떠나기 2달 전의 취리히 톤할레 오케스트라와 공연한 말러 교향곡 5번 음반(Decca)이다.

음반 애호가라면 아마도 자신이 섬기는 지휘자의 영혼을 고이 모셔놓은 '판테온'이나 '명예의 전당'이 반드시 있을 것이다. 솔티의 레코딩은 지휘자의 사후 급속히 인기가 하강했고 유진 오르먼디와 함께 '지휘자 판테온'에서 일찌감치 퇴출당하였다.

애호가들은 카라얀, 번스타인의 개성적인 음반을 더욱 선호했고 적은 레퍼토리에서 신비로운 마법을 부린 카를로스 클라이버나 첼리비다케를 숭배하기 시작했다. 민첩한 반사신경과 건강미를 빼고 나면 경직된 군대식 비트가 남게 되는 솔티의 음반은 음반 가게의 재고로 전락하게 되었다.

이러한 가운데에서도 생명력을 유지한 음반이 있으니 바로 말러 교향곡 8번 녹음(Decca)이다. 시카고 심포니 오케스트라, 빈 슈타츠오퍼 합창단, 징페라인 합창단, 빈 소년 합창단 그리고 유명 독창진과 함께한 8번만큼은 지금도 이를 능가할 만한 녹음이 드물다고 할 정도로 꾸준한 사랑을 받고 있다.

「니벨룽의 반지」녹음(Decca)은 솔티와 데카를 대표하는 하나의 상징으로 남아있다. 가장 늦게 녹음된 「발퀴레」에서 보탄 역을 맡았던 한스 호터가 노쇠한 가창을 들려주어 실망스럽지만, 음반산업의 황금기를 추억할 수 있는 부티나는 명반이다. 노먼 레브레히트의 저서 『클래식, 그 은밀한 삶과 치욕스런 죽음』에서 역대 최다 판매량을 기록한 음반으로 등재되어 있다. 크리스티나 도이테콤이 독기(毒氣) 가득한 목소리로 밤의 여왕을 불렀던 「마술피리」구 녹음(Decca)이나 조수미가 캐스팅된 「마술피리」1990년 신 녹음(Decca), 그리고 본인이 여러 녹음 중 가장 마음에 들어 했다는 바그너 「뉘른베르크의 마이스터 징어」신 녹음(Decca)도 호연에 속한다.

귄터 반트

브루크너의 수호성인

백화점처럼 다양한 구색을 갖춘 상점이 있는가 하면 다른 한쪽에는 제한된 품목에 한해 고도의 전문성을 발휘하는 상점도 있다. 카라얀처럼 여러 방면에서 실력을 발휘한 백화점식 지휘자가 있는가 하면 귄터 반트(Günter Wand, 1912~2002)처럼 독일·오스트리아 교향악이라는 제한된 레퍼토리 내에서 정통 사운드를 고집한 지휘자도 존재한다. 특히 그는 브루크너와 거의 동의어로 취급될 정도로 브루크너의 교향곡에서 진정한 스페셜리스트로 추앙받고 있다. 텐슈테트에게 말러가 있었다면 반트에게는 브루크너가 존재했던 셈이다.

대기만성형 지휘자인 반트의 인생 또한 환갑의 나이에 들어서야 비로소 세계적인 명성을 얻게 된 브루크너와 닮았다. 반트는 솔티, 첼리비다케와 동갑이지만 그들이 전성기를 누릴 무렵 반트는 유명세와 거리가 먼 삶을 살았다. 특히 국내에서 오랜 세월을 거의 무명에 가까운 취급을 받았다. 그의 진가를 알아보는 소수의 브루크너 애호가들에게나 고수로 통하는 은자(隱者)나 도인이었던 것이다. 이른바 '반트 열풍'이 본격적으로 불기 시작한 시점은 그가 여든이 넘은 노구를 이끌고 1995년 베를린 필하모닉을 객원 지휘했던 때로 전해진다. 다른 지휘자들이 이미 은퇴했거나 은퇴를 고려할 시점에 오히려 열광에 가까운 환호를 받기 시작한 특수한 경우에 속한다.

독일의 서부에 있는 엘버펠트(현재는 부퍼탈임)에서 태어난 반트는 쾰른 콘서바토리에서는 필립 야르나흐, 파울 바움가르트너에게 배우고 뮌헨에서는 프란츠 폰 회슬린에게 가르침을 받았다. 반트의 지휘 인생은 크게 쾰른 시대와 함부르크 시대로 나뉜다. 1939년에서 1944년 사이에는 쾰른 오페라 극장의 지휘자로 활동했고 전후에는 다시 쾰른에 복귀하여 귀르체니히 오케스트라의 음악감독이 되었다. 그리고 쾰른의 대학에서는 지휘법을 가르쳤다.

1982년 칠순을 맞이한 반트는 함부르크에서 NDR 방송교향악단의 상임지휘자가 되었는데 그의 전임자는 말러로 유명한 클라우스 텐슈테트였다. 1989년에는 시카고 심포니 오케스트라를 지휘하여 미국 악단으로 데뷔 콘서트를 치렀다. 당시 무대에 올려진 브람스 교향곡 1번은 RCA 레이블에서 CD로 발매되어 반트를 사랑하는 애호가들의 수집욕을 부추기고 있다. 한때 베베른, 메시앙, 카를 오르프 등 20세기 음악을 지휘하기도 했던 반트의 레퍼토리는 점점 좁아져 독일·오스트리아 정통 교향악으로 수렴하게 되었다. 만년에는 거의 베토벤, 슈베르트, 브람스, 브루크너의 교향곡만을 다루었다고 보아야 할 것이다.

1991년에는 존 엘리엇 가디너에게 NDR 방송교향악단의 상임 지휘자 자리를 물려주고 독일에서 손꼽히는 악단을 객원으로 지휘하며 최고의 전성기를 일구었다. 포디움에 오르기 전까지 반트의 모습은 부축을 받아야 할 정도로 영락없는 쇠약한 노인의 모습이다. 하지만 그가 지휘봉을 흔들기 시작하면 불가사의한 에너지가 샘솟기 시작하여 강렬한 눈빛을 통해 성스러운 음악을 빚는다. 영원히 불굴의 노익장을 보여줄 것만 같던 반트는 결국 2002년 스위스에서 아흔의 나이로 세상을 떠났다.

반트의 지휘예술을 느끼기 위해서 브루크너는 필수 코스에 해당한다. 쾰른 방송교향악단과의 전집(RCA)도 있지만, 악단의 소릿결에 윤기가 부족하고 1번, 2번 등 초기 교향곡에서는 공을 많이 들였다고 느껴지지 않아 전집의 완성도는 상대적으로 뒤떨어진다. 지휘자가 영면에 들어가기 5개월 전의 녹음으로 여유로운 호흡과 인간미가 느껴지는 교향곡 4번 「로맨틱」 뮌헨 필하모닉 실황 녹음(Hanssler)이나 뜨거운 진홍빛의 금관으로 장엄한 구조적 아름다움을 보여주는 슈투트가르트 방송교향악단 교향곡 9번 실황녹음(Profil)을 먼저 권한다. 왜 반트가 브루크너의 명장인지 직관적으로 알게 된다. 교향곡 7번 제2악장의 타악기를 모두 배제하여 하스 에디션의 매력을 잘 살린 베를린 필하모닉 녹음(RCA)도 카라얀의 마지막 레코딩과 자웅을 겨룰 만한 명반이다. 교향곡 8번은 여러 녹음들 가운데에서도 NDR 방송교향악단의 녹음(RCA)이 가장 자연스러운 템포 운용과 균형 감각을 보여준다. 교향곡 4~9번을 담은 영상물 세트(TDK) 가운데에서도 8번이 유독 완성도가 높다.

브루크너 다음으로는 슈베르트의 교향곡을 들을 차례이다. 「미완성」 교향곡과 「그레이트」 교향곡에서 그와 대적할만한 지휘자는 조지 셀이나 줄리니를 제외하고는 찾아보기 어렵다. NDR 방송교향악단과 함께한 근육질적인 베토벤 교향곡 전집(RCA)이나 브람스 교향곡 전집(RCA)도 반트 애호가라면 놓칠 수 없는 아이템이다. 베토벤 교향곡 3번 「영웅」은 최근 발매된 베를린 도이치 심포니 오케스트라의 1994년 실황 녹음(Profil)이 단단한 호연지기를 보여주어 인기가 치솟고 있다. 브람스 교향곡 1번은 시카고 심포니 오케스트라와의 녹음(RCA)도 좋지만 튼실한 울림과 건실한 환희에 가슴이 벅차 오르는 NDR 방송교향악단 영상물(TDK)이 더 빼어나다.

카를로 마리아 줄리니

카푸치노처럼 달달한 줄리니 칸타빌레

이탈리아 사람들은 유난히 노래 부르기를 즐긴다고 한다. 노래방 문화가 발달한 우리 민족과 퍽 닮은꼴이다. 이탈리아어 자체가 노래하기 좋은 언어라는 것은 이미 잘 알려진 사실로, 이중모음이 없는 단순한 모음체계에다가 음절이 모음으로 종결하여 발성에 유리하다. 그래서일까, 이탈리아에서 클래식 음악이라고 하면 교향곡이 아닌 오페라로 통한다. 몬테베르디, 로시니, 도니체티, 벨리니, 베르디, 푸치니 등 빛나는 별 같은 오페라 작곡가를 배출한 이탈리아지만 변변한 교향곡 작곡가는 한 명도 없지 않은가.

이토록 필하모닉 오케스트라의 전통이 약한 나라임에도 토스카니니, 줄리니에서 시노폴리, 아바도, 샤이, 무티로 이어지는 이탈리안 마에스트로의 계보는 매우 탄탄하다. 특히 카를로 마리아 줄리니(Carlo Maria Giulini, 1914~2005)가 보여준 넉넉하고도 풍부한 현 소리는 많은 후배에게 좋은 본보기가 되었다. 그의 지휘 이념은 음악에서 아름다운 모음을 구현하는 데 있다. 슈투트가르트 방송교향악단 리허설 영상물(Arthaus)을 보면 그가 단원들에게 '노래'를 강조하고 있음을 간파할 수 있다. 모음이 풍부한 그의 이름부터가 벌써 칸타빌레처럼 들린다.

'지휘계의 신사'로 잘 알려진 줄리니는 1914년 이탈리아의 남부 항구도시 바를레타에서 태어났다. 그가 5세가 되던 해 가족은 이탈리아 북쪽 국경지역의 볼차노로 이사했다. 볼차노는 한때 합스부르크 왕가의 영토였던 곳으로 남부 오스트리아 티롤 지방의 문화가 남아 있었다. 많은 음악 비평가가 줄리니의 품격 높은 독일음악 해석의 원류로 이러한 성장배경을 꼽고 있다. 알프스 이남에서 태어났지만 알프스 이북 예술의 본류를 어린 시절부터 문화와 공기로 체험한 셈이다.

볼차노에서 바이올린을 배웠던 줄리니는 로마로 가게 되어 산타 체칠리아 음악원에서 비올라와 작곡을 공부했다. 1971년 인터뷰에서 그는 자신이 비올라 연주자였기에 음악의 내성부(세 성부 이상의 악곡에서 중간 높이가 되는 성부)를 매우 중요하게 생각하게 되었다고 고백한 바 있다. 바이올린보다 소리가 튀지 않고 묵묵하게 내성부를 책임지는 악기인 비올라를 다룬 경험이 그의 지휘철학에 많은 영향을 끼친 것이다. 또한 그는 지휘자를 스타라기보다는 '악기를 연주하지 않는 음악가'로 생각했다. 전쟁 중에 사람을 대상으로 총 한 방 쏘지 않은 군인이었던 줄리니의 '인간애'도 특유의 기품 있는 음악과 무관하지 않을 것이다.

제2차 세계대전 종전 후 파시스트에 협력한 전력이 없는 음악가로 줄리니에게 좋은 기회가 찾아왔다. 1944년 다소 늦은 나이지만 비로소 정식 지휘자로 로마에서 데뷔하게 된 것이다. 곡목은 교향악 레퍼토리의 핵심이자 줄리니를 대표하는 곡인 브람스 교향곡 4번이었다. 로마 등지에서 활동하며 경력을 쌓던 줄리니는 이탈리아에서 명성 높은 지휘자로 떠올랐다. 1953년에는 심장마비를 겪은 빅토르 데 사바타의 뒤를 이어 마침내 라 스칼라 오페라 극장의 음악 감독직을 거머쥐게 된다. 1955년 마리아 칼라스, 주세페 디 스테파노가 주역을 맡았던 「라 트라비아타」라 스칼라 녹음(EMI)은 그의 초기 디스코그래피 중 중요한 위치를 점하고 있다.

1955년 줄리니는 시카고에서 미국 데뷔를 하여 1969년부터 1972년까지 시카고 심포니 오케스트라의 수석 객원 지휘자를 역임했다. 음악 외적인 요소가 많고 정치력이 더욱 필요한 분야인 오페라에서 점점 멀어지게 된 그가 교향악에 주력하게 된 것은 필하모닉 애호가들에게 더없는 기쁨이었다. 1978년에는 뉴욕 필하모닉의 상임 지휘자로 가게 된 주빈 메타의 뒤를 이어 LA 필하모닉 오케스트라의 음악감독으로 취임하고 젊은 정명훈을 부지휘자로 발탁하기도 했다. 그리하여 줄리니는 '정명

훈의 스승'으로도 우리에게 친숙한 이름이 된 것이다. 그에 관해 정명훈은 '음악에 대해 중언부언 설명하지 않고 단원들과 혼연일체가 되어 직접 음악의 핵심에 다가가는 지휘'에 깊은 감명을 받았다고 밝힌 바 있다.

'미국의 이탈리아인'으로 귀족적인 해석을 펼쳤던 줄리니는 아내를 간병하기 위해 돌연 음악 감독직을 사임하고 이탈리아로 되돌아갔다. 만년에 교향악 녹음에 전념하던 줄리니는 결국 2005년 이탈리아 북부 브레시아에서 91세의 나이에 노환으로 세상을 떠났다. 먼저 하늘나라로 떠난 아내의 뒤를 따른 것이다.

줄리니의 디스코그래피를 보면 베르디의 「라 트라비아타」「리골레토」「일 트로바토레」「돈 카를로」등 오페라의 비중을 무시할 수 없지만 본질적으로는 교향악에서 지휘예술의 정수를 맛볼 수 있다. 줄리니의 탁월한 '9번 시리즈' 중에서도 최고봉에 해당하는 음반은 빈 필하모닉과 함께한 브루크너 교향곡 9번(DG)으로, 감히 '기적의 명연'이라는 수식어를 붙일만한 것이다. 과연 제1악장에서 웅대한 스케일 속에 우주가 진동하는 사운드를 들려주며 숭고미의 절정을 구가한다. 종결 부분에서는 팀파니의 롤만으로도 작곡가의 절망과 회한을 표현해낸다. 시카고 심포니 오케스트라와 함께한 말러 교향곡 9번(DG) 역시 명연으로 손꼽힌다. 비록 중간악장에서 신랄한 냉소는 없지만 1, 4악장에서 말러의 서정성을 특유의 벨칸토(Bel canto) 양식으로 수놓은 명인의 솜씨를 맛볼 수 있다.

빈 필하모닉과 함께한 브람스 교향곡 전집(Newton)은 애호가들의 오랜 사랑을 받는 아이템으로 특히 '고별사의 전령'이라는 별명답게 브람스의 마지막 교향곡인 4번이 뛰어나다. 취향상 브람스 교향곡 1, 2번에는 LA 필하모닉 오케스트라 녹음(DG)을 더욱 선호하는 애호가도 적지 않다. 슈베르트 「미완성」 교향곡 시카고 심포니 오케스트라 녹음(DG), 슈만 교향곡 3번 「라인」 및 베토벤 교향곡 6번 「전원」 LA 필하모닉 오케스트라 녹음(DG), 브루크너 교향곡 2번 빈 심포니커 녹음(Testament), 무소르그스키 「전람회의 그림」(DG)도 둘째가라면 서러워할 명반들이다.

라파엘 쿠벨리크

42년만의 잊을 수 없는 프라하의 봄

체코에 훌륭한 지휘자가 많다는 것을 종종 잊을 때가 있다. 바츨라프 탈리흐, 카렐 안체를, 라파엘 쿠벨리크, 바츨라프 노이만, 리보르 페세크, 즈데넥 마칼, 이르지 벨로흘라베크로 내려오는 체코 지휘자의 계보는 생각보다 튼실하다. 그중에서도 가장 유명한 지휘자를 꼽으라면 아마도 라파엘 쿠벨리크(Rafael Kubelik, 1914~1996)를 선택할 것이다. 쿠벨리크는 특별히 광적인 팬을 거느리지도 않았고 극렬한 거부자도 몰고 다니지 않았기 때문에 애호가 사이에서는 그저 그런 A급 마이너 지휘자로 치부되는 경우가 흔하다. 그러나 그는 체코 음악의 국제화에 누구보다도 크게 이바지한 마에스트로이며 결코 과소평가 해선 안

되는 20세기의 중요한 대가이다.

라파엘 쿠벨리크의 아버지는 체코의 유명한 바이올리니스트 얀 쿠벨리크였다. 바이올린의 대가를 아버지로 둔 라파엘은 프라하 콘서바토리에서 바이올린을 전공했다. 졸업 연주회에서 파가니니의 바이올린 협주곡과 자신이 작곡한 바이올린 협주곡을 동시에 연주했다고 하니 연주자로서의 재능도 상당했던 것으로 보인다. 또한 피아노도 잘 쳤기 때문에 아버지의 미국 투어에서 피아노 반주자를 맡을 정도였다. 아버지는 아들을 몹시 자랑스러워했는데 얀 쿠벨리크는 수많은 지휘자의 아버지 가운데서 아들의 음악 전공을 반긴 유일한 아버지가 아닐까 싶다.

1939년 체코의 브르노 오페라의 음악감독으로서 지휘 생활을 시작한 쿠벨리크는 1942년 불과 28세의 나이로 체코 필하모니 오케스트라의 상임지휘자가 되었다. 전임자는 '체코 지휘계의 아버지'라고 불리는 바츨라프 탈리히였다. 1944년, 전쟁 중 나치식 경례와 바그너 곡의 지휘를 거부하는 사건이 발생하여 쿠벨리크는 잠시 지휘봉을 손에서 놓게 되었다. 1945년, 종전을 맞아 다시 체코 필하모니를 지휘하기 시작한 그는 1년 뒤 '프라하의 봄' 음악제를 신설하는 데 이바지 했다. 이 음악제는 매년 스메타나의 기일인 5월 12일에 열리는 음악 페스티벌로, 개막 연주회는 스메타나 홀에서 연주되는 스메타나의 「나의 조국」으로 고정되어 있다.

1948년 체코가 공산화되자 그는 미련 없이 고국을 떠나 망명했고 42년 동안 철저히 이방인 지휘자의 삶을 살았다. 시카고 심포니 오케스트라의 음악감독(1950~1953), 코벤트 가든 로열 오페라 음악감독(1955~1958)을 거쳐 바이에른 방송교향악단의 상임 지휘자로 안착했던 18년간의 세월(1961~1979)은 그의 지휘생활 중 가장 중요한 경력으로 평가받고 있다.

과거 '프라하의 봄' 음악제를 만들 때 과연 쿠벨리크는 미래에 다가올 기나긴 '동유럽의 겨울'과 1968년의 '체코 사태'를 짐작이나 했을까? '프라하의 봄'은 이제 음악제의 제목보다도 오히려 체코의 민주화 운동을 가리키는 용어로 더욱 유명해졌다. '프라하의 봄' 민주화 운동이 소련군의 무력 개입으로 좌절된 뼈아픈 순간을 모든 체코인은 잊을 수 없을 것이다. 체코의 민주화 운동을 성공적으로 이끈 바츨라프 하벨이 1989년 대통령에 취임함으로써 체코는 다시 봄을 맞이했고, 이듬해 1990년에는 쿠벨리크가 고국을 떠난 지 42년 만에 '프라하의 봄' 개막 콘서트를 지휘하는 감격스러운 순간을 맞이했다. 76세의 고령에다가 지병 때문에 지휘계에서 은퇴한 지 5년이 돼가는 시점이었지만 그는 고국의 역사적인 무대를 도저히 거부할 수 없었다. 그 후 간간이 특별한 공연의 지휘봉을 잡았던 쿠벨리크는 1996년 마침내 스위스 루체른에서 눈을 감았다. 향년 82세였다.

쿠벨리크의 디스코그래피는 생각보다 방대하다. 그는 베토벤, 슈만, 브람스, 드보르자크, 말러의 교향곡을 모두 전집으로 녹음할 만큼 신뢰받는 지휘자였고 시카고 심포니 오케스트라와의 초기 녹음(Mercury)을 보면 쇤베르크, 힌데미트, 버르토크 등 20세기 음악에도 적극적이었음을 알 수 있다.

쿠벨리크의 레퍼토리 중 단 한 곡을 꼽으라면 스메타나의 「나의 조국」일 수밖에 없다. 음반으로는 보스턴 심포니 오케스트라(DG)와 바이에른 방송교향악단(Orfeo)의 음원이 주로 추천되지만 1990년 체코 필하모니 오케스트라 '프라하의 봄' 개막 콘서트 영상물(Denon)의 역사적인 의의를 넘어서는 것은 없다. 물론 체코 필하모니 오케스트라의 연주는 최고의 수준이라 하기 어렵고 특A급 악단의 연주에 귀가 길들어 있다면 엉성하게 느껴질 수도 있다. 그러나 고난의 시기를 거쳐 마침내 민주화를 이룩한 체코의 홀에서 「나의 조국」이 울려 퍼지는 광경을 어찌 합주력의 잣대만으로 평가할 수 있겠는가. 하벨 대통령이 참석한 가운데 체코 국가가 연주되고 이어서 뜨거운 애국심을 교향악으로 승화시킨 스메타나의 걸작이 울려 퍼지는 것이다. 쿠벨리크 개인으로서도 잊지 못할 가슴 벅찬 순간이었음이 표정에서 그대로 묻어 나오고 있다. 「나의 조국」이 체코의 역사이자 쿠벨리크의 인생이 되는 순간이다.

베를린 필하모닉과 함께한 드보르자크 교향곡 전집(DG)은 지휘자의 본토성과 악단의 화력이 고루 조화된 명작으로 손꼽히고 있다. 바이에른 방송교향악단과의 말러 교향곡 전집(DG)은 말러가 오늘날처럼 붐을 이루기 이전의 전집이라는 가치는 있으나, 세기말의 퇴폐미나 심오한 철학과는 거리가 먼 해석을 들려준다.

레너드 번스타인

지휘대에서 춤추는 르네상스형 천재

레너드 번스타인(Leonard Bernstein, 1918~1990)을 지휘자로 소개하는 것에 대해 가끔 미안할 때가 있다. 지휘자뿐만 아니라 작곡가, 피아니스트, 음악해설가로서도 재능이 넘쳤던 그는 '20세기의 레오나르도 다빈치'로 불린다. 많은 프로 지휘자들이 개인적으로 가장 존경하는 지휘자로 망설이지 않고 레니(번스타인의 애칭)를 꼽고 있고, 그의 대표작인 뮤지컬 「웨스트 사이드 스토리」는 요즘에도 자주 공연되며, 오늘날의 음악해설가들은 레니를 영원한 롤 모델로 삼고 있다. 한 인간에게 과도하게 재능을 몰아넣은 하나님의 대표적인 실수가 아닐까 질투가 날 정도이다.

지휘자로서 번스타인의 미덕은 모든 음표에 드라마를 부여한다는 데 있다. 그의 음악에서 공허한 추상성이란 것은 결코 허락될 수 없다. 번스타인의 말러의 연주에서 느낄 수 있듯이 음표 하나하나에 작곡가의 삶이 그대로 녹아있고 우리에게 늘 말을 걸어오는 느낌이다. 어떤 작곡가의 음악이든 철저하게 '레니화' 되는 과정을 거친다.

번스타인은 1918년 8월 25일 매사추세츠 주에 있는 로렌스의 유대인의 집안에서 태어났다. 보스턴 라틴 학교를 졸업한 그는 하버드 대학에 입학하여 음악을 배웠다. 그는 19세 때 드미트리 미트로풀로스와 처음으로 만나게 되는데, 미트로풀로스는 당시 미국에서 거의 연주되지 않았던 말러를 중요한 레퍼토리로 삼았던 기인(奇人) 같은 지휘자였다. 번스타인은 그로부터 직접적인 가르침을 받지 않았지만 이른 시점에 말러를 공부하게 된 것 등 큰 영향을 받은 것으로 알려지고 있다. 1938년 하버드를 졸업한 뒤에는 커티스 음악원에 입학하여 프리츠 라이너에게 지휘법을 배우기도 했다.

번스타인의 공식적인 지휘자 경력은 대타 데뷔로 시작되었다. 그는 1943년 11월 14일 갑자기 몸이 아팠던 브루노 발터를 대신하여 뉴욕 필하모닉을 지휘했고 이튿날 「뉴욕 타임스 (The New York Times)」는 미국인 지휘자의 성공을 크게 다루었다. '자고 나니 유명해져 있더라.'라는 식으로 갑자기 명성을 날리기 시작한 것이다. 1945년 27세의 나이로 뉴욕 시티 심포니 오케스트라의 음악감독이 되었고 작곡가, 피아니스트, 지휘자로서의 바쁜 나날이 이어졌다. 보스턴 심포니 오케스트라와 함께 메시앙의 신작 「투랑갈리라」 교향곡을 초연한 사건도 당시에 이루어진 것이다. 번스타인은 마침내 1957년 미트로폴로스의 후임으로 뉴욕 필하모닉의 수장을 맡게 되었고 '미국 시대'의 전성기를 구가하게 된다. 뉴욕 필하모닉이 한때 베를린 필하모닉, 빈 필하모닉과 함께 '세계 3대 오케스트라'로 꼽혔다는 어처구니 없는 정보도 그나마 번스타인이 아니었으면 불가능했을 것이다.

1969년 번스타인은 뉴욕 필하모닉의 음악 감독직을 사임하고 '유럽 시대'를 열었다. 흔히 '레니 댄스'라고 불리는 그의 과도한 지휘 동작은 당시 보수적인 유럽 청중들에게 경악에 가까운 것이었다. 국내의 음악 평론가 이순열 씨가 월간지 「음악 동아」를 통해 "원숭이처럼 지휘대에서 촐싹거린다."라고 독설을 날린 그 지휘 자세는 번스타인의 트레이드 마크이기도 했다. 방정맞은 '카우보이 지휘자'는 콧대 높은 유럽 청중들을 서서히 사로잡게 되었고 빈 필하모닉, 프랑스 국립 오케스트라와 함께 멋진 녹음들을 남겼다. 빈 필하모닉과 함께 남긴 말러 영상물이나 음반은 말러의 야성적인 매력을 최고로 뽑아낸 기념비적인 유산이다. 세계 최고의 악단이라 자부하는 콧대 높은 빈 필하모닉 단원들에게 "당신들의 8시간 근로 조건은 알 바 아니지만 확실한 건 지금 연주하는 건 말러가 아니에요."라고 용기 있게 쏘아붙일 수 있는 레니이기에 가능한 일이기도 하다.

71세 되던 해 1989년에는 베를린 장벽 붕괴를 축하하는 의

미로 제2차 세계대전 참전국을 포함하여 연합 오케스트라를 구성하여 콘서트를 가졌다. 베토벤 교향곡 9번 「환희(Freude)의 송가」를 「자유(Freiheit)의 송가」로 개사한 이 공연은 전대미문의 역사적인 축연으로 기억되고 있다. 레니의 마지막 해였던 1990년 번스타인은 일본 삿포로에서 태평양 음악제를 창설하여 슈만 교향곡 2번을 지휘했다. 연주 중 제2악장에서 바이올린 단원들을 일으켜 세우는 등 레니다운 기발한 발상이 넘치는 공연이었다. 1990년 8월 19일 보스턴에서 마지막 콘서트를 한 그는 채 2달이 지나지 않아 10월 14일 폐기종으로 숨을 거두었다.

번스타인의 음반은 '뉴욕 시절'과 '유럽 시절'의 것으로 구분될 수 있는데 레니의 개성이 집요하고도 철저하게 발휘된 후자를 더욱 추천한다. 많은 음반비평가가 집에 불이 났을 때 가장 먼저 들고 나올 아이템으로 꼽는 말러 교향곡 신녹음 전집(DG)은 리뷰가 새삼스러운 베스트 셀러이다. 단지 교향곡 8번의 정규 녹음 스케줄을 남겨둔 채 아쉽게 타계한 그가 원망스러울 뿐. 전집에는 예전의 잘츠부르크 실황을 억지로 끼워 넣어 구색을 갖추고 있다.

말러 다음으로는 차이콥스키 녹음을 추천한다. 비록 여성과 결혼했지만, 남자를 좋아했던 번스타인이 게이 작곡가 차이콥스키를 해석하는 방법은 남다르게 보인다. 1980년대 뉴욕 필하모닉과 함께 녹음한 차이콥스키 교향곡 4~6번은 어느 것이나 작곡가의 비통한 눈물을 마지막 한 방울까지 쥐어짜고 있다.

느린 부분에서 특히 템포를 과장하는 그의 만년 스타일이 최고조로 발휘된 교향곡 6번은 통상적인 연주시간인 45분을 훌쩍 넘어 1시간에 달하고 있다. 쇼스타코비치 교향곡 5번 도쿄 실황(Sony)이나 시벨리우스 교향곡 2번(DG) 또한 음반애호가가 반드시 거쳐 가야 할 유명한 녹음이다. 본인의 작품을 직접 지휘한 자작시연 컬렉션(DG)은 작곡가로서의 번스타인을, 통찰력과 유머를 겸비한 청소년 음악회 영상물(Kultur)은 음악 해설가로서의 번스타인을 느낄 수 있는 가장 좋은 아이템이다.

클라우스 텐슈테트

고통 속에서 캐낸 환희의 카타르시스

클라우스 텐슈테트(Klaus Tennstedt, 1926~1998)는 유명한 지휘
자라고 하기에 다소 무리가 있다. 그는 요제프 카일베르트, 헤
르베르트 케겔 등과 같이 소수의 충성스러운 열성 팬을 거느
리는 지휘자이다. 텐슈테트의 지휘경력을 보건대 특A급 악단의
수장을 맡은 적은 없다고 보아야 할 것이다. 상임지휘자를 맡
았던 악단 중 가장 유명한 악단이라고 해야 런던 필하모닉 오
케스트라, NDR 방송교향악단 정도가 고작이다. 그의 미덕은
자신을 온전히 불살라 음악에 쏟아 붓는 데 있다. 텐슈테트의
공연을 담은 영상물을 보면 마지막에는 항상 땀에 젖어 녹초
가 되어 있는 지휘자의 모습이 관찰되는데 자신을 멋지게 포장

하는 데에는 일말의 관심도 없는 것 같다. 오직 음악에의 헌신만이 있을 뿐.

텐슈테트는 1926년 6월 6일 라이프치히에서 수십 킬로미터 정도 떨어진 메르제부르크에서 태어나 라이프치히 콘서바토리에서 음악을 배웠다. 아버지가 바이올리니스트였던 그는 피아노와 바이올린 모두를 다루었고 1948년부터는 할레 시립 가극장의 오케스트라에서 콘서트마스터를 맡았다. 그러나 바이올리니스트로는 치명적이게도 왼손에 이상이 와서 극장에서 오페라 코치 생활을 하다가 지휘봉을 잡게 되었다. 1971년까지 그는 켐니츠, 슈베린을 비롯한 동독의 소도시의 오페라 극장에서 수석 카펠마이스터와 음악감독으로 활동했고 서방세계에는 거의 알려지지 않았다.

서유럽으로의 진출을 생각하고 있던 텐슈테트는 그의 나이 45세 되던 해인 1971년에 일생일대의 기회를 맞이했다. 스웨덴에서 그를 객원 지휘자로 초청했고 외화벌이를 위해 구동독 정부가 처음으로 국외활동을 허가한 것이다. 곧바로 텐슈테트는 망명하여 스웨덴에서 지휘활동을 시작했고 이듬해에는 함부르크에서 북쪽에 있는 키엘 오페라 극장에서 음악감독에 취임했다. 텐슈테트의 인생에서 서유럽 시절의 희망적인 신호탄이었다.

1974년에는 토론토 심포니 오케스트라 콘서트에서 브루크너 교향곡 7번을 지휘하여 열광적인 찬사를 받아냈고 보스턴 심포니 오케스트라 콘서트에서는 브루크너 교향곡 8번으로 대

성공을 거두었다. 1976년 런던에서 처음으로 영국데뷔를 마친 그는 1979년에는 미네소타 오케스트라의 수석 객원 지휘자가 되었고 이듬해에는 런던 필하모닉 오케스트라에서도 같은 지위에 오르게 되었다. 동시에 1979년에서 1981년까지 함부르크 NDR 방송교향악단의 상임 지휘자를 역임하여 바쁜 나날을 보냈는데, 이 당시 녹음된 말러 교향곡 2번 「부활」 실황 (Memories Excellence)는 시퍼렇게 날이 선 소리로 일명 '하드코어 부활'로 불린다. 1983년에는 드디어 런던 필하모닉 오케스트라의 음악감독이 되어 그의 전성시대를 활짝 열었다.

그러나 신은 경력의 절정에 이른 텐슈테트에게 가혹한 시련을 주었다. 1985년 후두암이 발견되어 방사선 치료를 받게 된 그는 정상적인 음악 감독직을 수행할 수 없음을 깨닫고 1987년 직책에서 스스로 물러났다. 악단은 그에게 계관 지휘자의 영예를 수여하여 가능한 범위에서 지휘해줄 것을 요청했다. 이후 그는 간헐적으로 시카고, 런던 등지에서 말러를 지휘하며 전 세계 말러 애호가를 감동의 회오리 속으로 몰아넣었다. 지휘자의 건강 때문에 많은 공연이 취소되어 안타까움은 더해만 갔다. 의사들의 권고로 결국 1994년 지휘계를 완전히 은퇴한 텐슈테트는 1998년 1월 11일 71세의 나이로 굴곡 많은 인생을 마감했다.

텐슈테르의 디스코그래피에서 양적으로나 질적으로 가장 중요한 위치를 점하는 레퍼토리는 말러의 교향곡이다. 그는 말러와 거의 동의어로 보아도 좋을 것이다. '고통을 받아야 말러를 지휘할 수 있다.'라는 그의 철학처럼 철저한 고뇌와 어둠 속에서 캐낸 환희의 카타르시스는 힘(force)이 남다르다. 스튜디오에서 녹음된 런던 필하모닉 오케스트라 전집(EMI)에 관심을 두기 보다는 그의 매력을 손실 없이 맛볼 수 있는 라이브 음원을 낱장으로 수집하는 것이 급선무이다. 특히 후두암 선고를 받은 이후의 말러 녹음들은 하나같이 벼랑 끝에 선 영웅의 고독을 느끼게 한다.

1990년 시카고 심포니 오케스트라를 지휘한 말러 교향곡 1번 「거인」실황 녹음(EMI)은 인내를 요구하는 느린 템포에도 불구하고 진정성 높은 해석으로 여전히 많은 이의 눈시울을 붉히는 명반이다. 1991년 런던 필하모닉 오케스트라를 지휘한 말러 교향곡 8번 실황 영상물(EMI)은 인간실존의 문제를 깊이 파고든 집요함이 빛나는 귀한 기록이다. 1991년 말러 교향곡 6번 「비극적」실황(EMI)은 피날레에서 나무해머 타격지점 전의 템포를 늘여 긴장감을 높여 만신창이 영웅을 보여주며, 1993년 말러 교향곡 7번 실황(EMI)은 가장 광포하고 처절한 「밤의 음악」으로 기억되고 있다.

말러 이외의 레퍼토리도 후두암 진단 이후의 녹음을 권한다. 체코 작곡가 3인방인 스메타나, 드보르자크, 야나체크의 구수한 교향악을 치열한 정신성으로 접근한 1991년 런던 필하모닉 오케스트라 실황(BBC Legends), '환희의 송가'가 아닌 '최후의 심판'을 연출한 듯한 베토벤 교향곡 9번 1992년 실황(LPO)도 일청(一聽)을 권한다.

카를 리히터

바흐 음악의 전범이 된 구도자

일반적으로 바로크 음악의 감상은 온몸을 관통하는 듯한 전율과는 다소 거리가 있는 것 같다. 아무리 바흐나 헨델의 음악이 좋다고 해도 베토벤이나 말러 교향악의 웅장한 음향을 통한 직관적인 짜릿함을 느끼기 어렵기 때문이다. 감상자마다 차이는 있겠지만 바로크 음악은 소우주 같은 음들의 조화를 통해 지적유희를 수반하는 감상으로 흐르기 쉽다. 그러나 카를 리히터(Karl Richter, 1926~1981)가 지휘하는 바흐 칸타타 BWV 106 「악투스 트라지쿠스」를 듣는 순간, 그러한 선입견은 완전히 깨져버렸다. 첫 음부터 끝 음까지 집중하여 모든 잡념을 버리게 되고 음악 속에 자아가 용해되어 버리는 진정한 몰아의 순간을 경험한 것이다. 이토록 '날카로운 첫 키스'와도 같은 영적 체험을 통해 그는 오래도록 바흐 음악의 전범으로 기억하게 되었다.

예전에는 바흐나 헨델도 필하모닉 오케스트라의 통상적인 레퍼토리에 속했고 해석하는 방법도 고전파나 낭만파 음악과 별반 다르지 않았다. 「G선상의 아리아」로 유명한 바흐의 에어(air)는 종종 쇤베르크의 '정화된 밤'을 연상시키는 후기 낭만음악 스타일의 현악음악처럼 연주되었다. 토머스 비첨 경은 헨델「메시아」를 유진 구센스의 심벌즈가 난무하는 대편성 편곡으로 들려주어 마치 베르디를 듣는 쾌감을 전해주지 않았는가. 그러나 이제는 이들 모두가 '추억의 팝송'처럼 한 시대를 풍미했던 유사 바로크 음악으로 화석화 되었다. 바로크 음악의 해석은 카를 리히터 이전과 이후로 극명하게 나뉘게 되었다. 이제는 필하모닉 오케스트라가 비발디나 바흐의 곡을 연주하는 경우는 매우 드물고 전문 고음악 단체가 바로크 음악을 연주하고 있다.

카를 리히터는 1926년 독일 동부의 작센 지역에 있는 플라우엔에서 태어났다. 드레스덴의 성 십자가 김나지움에 입학하여 드레스덴 십자가합창단의 성가대원으로 노래를 부르며 자연스럽게 독일 종교음악에 깊은 관심을 두게 되었다. '교회음악의 성지' 라이프치히에서 귄터 라민, 카를 슈트라우베, 루돌프 마우어스베르거 이렇게 세 명의 위대한 칸토르(교회 합창지휘자)를 사사한 경력은 그로 하여금 종교음악의 본질을 탐구하는 데

결정적인 영향을 끼쳤다. 리히터의 뛰어난 재능은 불과 20대 초반의 나이에 바흐가 음악감독이자 교육자로 활동했던 성 토마스 교회의 오르가니스트로 임명받는 데 조금의 부족함도 없었다. 이렇듯 바흐가 숨 쉬던 곳의 공기를 호흡하며 그는 위대한 예술가로 성장하는 기초를 다지게 된다.

1951년 리히터는 삶에 있어 새로운 전기를 마련했다. 베를린에서 취리히를 거쳐 서독의 뮌헨으로 이주하여 음악원에서 오르간을 가르쳤고 귄터 라민의 추천으로 성 마가 교회에서 칸토르를 맡았다. 동시에 그가 평생의 과업으로 삼게 된 바흐의 음악을 더욱 철저히 실현하기 위해 자신만의 프로젝트를 펼치기 시작했다. 바흐의 음악을 전문적으로 다루는 뮌헨 바흐 합창단을 창설하고 같은 목적으로 뮌헨 바흐 오케스트라를 조직한 것이다. 교회 성가대에서 전적으로 독립되어 종교음악을 전문으로 하는 프로페셔널한 합창단과 악단의 창설은 분명 쉽지 않은 결정이었을 것이다. 다행히도 리히터와 그가 이끄는 단원들은 커다란 호응을 받으며 성장해 나아갔다. 엄격한 훈련과 절제된 표현으로 바흐 음악 해석의 신경지를 개척한 리히터는 많은 공연과 녹음을 통해 단원들과 함께 놀라운 성과를 일구어냈다. 하지만 지휘자로서 한창의 나이인 54세에 뮌헨의 호텔 방에서 심장바미로 안타까운 죽음을 맞이하여 많은 애호가의 애도를 받았다. 1981년 5월 3일에 열린 그의 추모 콘서트는 레너드 번스타인이 지휘봉을 잡았다.

카를 리히터는 일반적인 오케스트라 지휘자의 유형에 분류

되지 않는 지휘자이다. 마에스트로라기보다는 칸토르에 더욱 가깝다. 하이든의 교향곡이나 브루크너의 교향곡도 지휘했지만 그는 우리에게 언제나 바흐와 헨델 음악의 지휘자로 기억된다. 바흐와 헨델 중 굳이 하나를 꼽자면 역시 바흐가 선택된다.

1958년에 녹음된 바흐 「마태 수난곡」(Archiv)은 푸르트벵글러의 베토벤, 반트의 브루크너, 번스타인의 말러처럼 불멸의 레코딩으로 남게 되었다. 물론 편성을 최소화하여 산뜻한 라인을 뽑내는 최근의 시대 악기 연주와 비교해볼 때 합창의 윤곽이 다소 부한 느낌도 없지 않다. 그러나 고도의 집중력을 통하여 구현된 처연한 비극성에 있어서 이 음반을 넘어서는 것은 없다. 성전의 휘장이 찢기고 무덤이 열리는 장면에서 "그는 실로 하나님의 아들이었도다."라고 합창하는 부분의 감동은 카를 리히터 음반에서만 맛볼 수 있는 진미로 꼽힌다. 에른스트 헤플리거의 청아하고 기품 있는 복음사가, 알토 헤르타 퇴퍼의 영적인 가창, 젊은 피셔-디스카우의 사자후까지 완벽한 독창진도 압도적이다. 카를 리히터의 「마태 수난곡」은 이외에도 4종이 더 있는 것으로 알려지고 있으나 최초의 레코딩인 1958년 녹음을 능가하지 못한다.

「요한 수난곡」 1964년 녹음(DG)도 「마태 수난곡」에 크게 뒤지지 않는 명반이다. 독창진에 귀족적인 피셔-디스카우와 대조를 이루는 넉살 좋은 헤르만 프라이가 가세하여 인간적인 면모가 더욱 두드러진다. 웅장한 성스러움으로 감상자를 압도하는 미사 b단조 1961년 녹음(DG)은 두터운 합창의 무게감에 난

색을 보이는 애호가도 적지 않음을 밝혀둔다. 「크리스마스 오라토리오」 1965년 녹음(Archiv)은 곡의 특성에 맞게 다소 밝은 해석을 구사하고 있다. 모리스 앙드레의 황금빛 트럼펫과 불세출의 미성 테너 프리츠 분덜리히를 함께 즐기는 호사가 쏠쏠하다.

26장의 CD로 발매된 바흐 칸타타 선집(Archiv)은 바흐에 대한 리히터의 열정을 느낄 수 있는 대작이다. 부담스러운 분량 탓인지 인기 있는 칸타타 6곡을 추린 음반(DG)이 더욱 인기 있으나, 안타깝게도 백미라 할 수 있는 BWV 106 「악투스 트라지쿠스」가 빠져있다. 그러므로 같은 곡이 포함된 호주 엘로퀸스 시리즈로 발매된 낱장(DG)의 구매를 권한다.

카를로스 클라이버

독일음악에 라틴의 태양을 이식한 쾌락의 화신

카를로스 클라이버(Carlos Kleiber, 1930~2004)가 지휘한 음악을 들을 때면 언제나 날렵하고 경쾌하게 내달리는 스포츠카가 떠오른다. 그와 동시대를 호흡했던 다른 지휘자들의 음악이 중후한 블랙 세단과 같았던 점을 생각한다면 그의 독특한 해석은 지금에도 매우 감탄스럽다. 카를로스 클라이버처럼 음악에서 철저하게 리듬과 쾌락을 뽑아낸 지휘자가 또 있을까? 신년음악회에서 지휘봉 대신 열차 나팔을 잡아도 그처럼 자연스럽고 멋스러운 지휘자는 찾아보기 어렵다. 음악의 본질이 '음(音)' 그 자체보다는 '즐거움(樂)'에 있음을 몸소 보여준 순간이 아닐 수 없다.

그의 이름은 토마스 만의 소설 '토니오 크뢰거'처럼 라틴과 게르만의 혼혈적 합성으로 구성되어 있다. 본래 베를린에서 카를(Karl) 루드비히 클라이버로 태어났지만, 유대인과 결혼한 아버지 에리히 클라이버가 제2차 세계대전 당시 나치를 피해 부에노스아이레스에 정착했기 때문에 곧 남미식 이름인 카를로스(Carlos)로 본명이 지어졌다. 아버지 또한 지휘자로 모차르트 「피가로의 결혼」과 「장미의 기사」에 있어 수준 높은 녹음을 남긴 대가였다. 137회라는 경이적인 리허설 회수로 악명 높았던 알반 베르크 오페라 「보체크」의 초연으로도 유명한 지휘자이다.

아버지는 직업 음악가로 산다는 것이 얼마나 피곤한 것인지 잘 알고 있었으므로 아들이 음악가가 되는 것을 원치 않았다. 아버지는 친구에게 "저 가엾은 아이가 하필이면 음악에 소질이 있다니!"라고 하면서 탄식하곤 했다. 음악에 대한 재능과 열정은 낭중지추와 같아 감출 수 있는 성격이 못 된다. 카를로스 또한 유명 지휘자였던 아버지의 그늘을 벗어나기 위해 분투했고 점차 완벽주의적인 성향으로 변해갔다. 구소련의 위대한 바이올리니스트 다비드 오이스트라흐와 아들 이고르 오이스트라흐의 예에서 알 수 있듯이 유명 음악가인 아버지를 두는 것은 득보다 실이 많은 법이다.

카를로스 클라이버는 처음에 취리히에서 화학을 전공했지만 지휘로 진로를 바꾸게 된다. 파리에서 의학을 공부하던 베를리오즈가 파리 음악원에 드나들면서 결국 작곡가로 진로를

전향한 경우와 유사하다. 카를로스 클라이버의 초기 지휘생활
은 주로 독일에서 이루어져 뮌헨, 포츠담, 뒤셀도르프, 슈투트
가르트에서 지휘봉을 잡았다. 하지만 곧 그는 한 악단에 오랫
동안 머무르지 않고 자유로운 프리랜서 지휘자의 길을 걷기에
이른다.

그는 유명 오케스트라와 오페라 극장의 무대에 서면서도 상
임 지휘자나 음악감독에 얽매이지 않았다. 수십 회에 이르는
리허설을 요구할 정도의 완벽주의적인 성향인 데다가 직업 지
휘자라고 하기에 현저하게 좁은 레퍼토리는 분명 그 자리에 어
울리지 않았다. 그래서 그런지는 몰라도 유난히 그에 관한 험
담은 차고 넘친다. 카라얀이 "냉장고가 빌 때만 지휘한다."라고
언급한 것이 잘 알려졌고 "스스로 공부하지 않고 아버지 스코
어를 우려먹는 지휘자", "지휘를 해서가 아니라 지휘를 안 해서
더 유명해진 사람" 등등 곱지 않은 시선이 존재한다. 그러나 모
든 지휘자가 다양한 레퍼토리로 빡빡한 스케줄을 소화해내는
슈퍼맨 유형의 마에스트로일 필요는 없다. 카를로스 클라이버
는 좁은 레퍼토리의 한도 내에서 우리에게 충분히 즐거움을 주
었고 그것으로 자신의 사명을 충분히 다했다.

카를로스 클라이버의 녹음은 극도로 한정되어 있어서 '선택
의 고민'이 없기 때문에 기회비용의 문제가 적다. 정규음반이라
면 어느 것을 골라도 최상의 품질을 보증할 수 있다. 도이치 그
라모폰(DG)에서 발매된 것으로 교향악에는 베토벤 교향곡 5,
7번, 브람스 교향곡 4번, 슈베르트 교향곡 8번 「미완성」을, 오

페라는 베르디 「라 트라비아타」, 베버 「마탄의 사수」, 바그너 「트리스탄과 이졸데」, J. 슈트라우스 2세 「박쥐」를 들어보아야 한다. 그의 모든 녹음을 모아 출시한 도이치 그라모폰 CD 전집이 고작 12장밖에 되지 않는다. 굳이 교향악과 오페라에서 각각 한 품목만 고르라면 베토벤 교향곡 5번, 7번과 바그너 「트리스탄과 이졸데」를 꼽고 싶다. 독일음악에 이토록 따스한 지중해의 햇살이 깃들 수 있다니! 그 경이로움은 지금에도 퇴색되지 않는다. 여기에 Orfeo 레이블에서 나온 베토벤 교향곡 4번이나 7번을 추가한다면 그의 교향악 컬렉션은 거의 완성된 것이나 다름없다.

그의 매력은 영상물에서 더욱 강렬하게 체험할 수 있는데 빈 필하모니 신년 음악회 영상을 가장 먼저 추천하고 싶다. 1989년(DG)과 1992년(Philips) 2종의 DVD 중 지휘자를 풀샷으로 잡아 흥겨운 지휘 자세를 즐길 수 있는 후자가 더욱 선호되고 있다. 멋진 동작을 연구하는 요즘의 지휘자에게는 거의 교본 같은 영상물로, 많은 지휘자가 그의 지휘 동작을 살짝 흉내내고 있는 실정이다. R. 슈트라우스의 오페라 「장미의 기사」 영상물(DG)과 1996년 브람스 교향곡 4번 영상물(DG)도 일청을 권한다. 무색무취의 해석과 무흠결 연주가 미덕으로 자리 잡게 된 요즈음 그의 자유로운 개성이 더욱 그립기만 하다.

20세기의 위대한 지휘자

| 펴낸날 | 초판 1쇄 | 2012년 5월 3일 |
| | 초판 3쇄 | 2018년 4월 18일 |

지은이	김문경
펴낸이	심만수
펴낸곳	(주)살림출판사
출판등록	1989년 11월 1일 제9-210호

주소	경기도 파주시 광인사길 30
전화	031-955-1350 팩스 031-624-1356
홈페이지	http://www.sallimbooks.com
이메일	book@sallimbooks.com

| ISBN | 978-89-522-1821-6 04080 |
| | 978-89-522-0096-9 04080(세트) |

054 재즈

최규용(재즈평론가)

즉흥연주의 대명사, 재즈의 종류와 그 변천사를 한눈에 알 수 있도록 소개한 책. 재즈만이 가지고 있는 매력과 음악을 소개한다. 특히 초기부터 현재까지 재즈의 사조에 따라 변화한 즉흥연주를 중심으로 풍부한 비유를 동원하여 서술했기 때문에 재즈의 역사와 다양한 사조의 특징을 쉽게 이해할 수 있다.

255 비틀스

고영탁(대중음악평론가)

음악 하나로 세상을 정복한 불세출의 록 밴드. 20세기에 가장 큰 충격과 영향을 준 스타 중의 스타! 비틀스는 사람들에게 꿈을 주었고, 많은 젊은이들의 인생을 바꾸었다. 그래서인지 해체한 지 40년이 넘은 지금도 그들은 지구촌 음악팬들의 많은 사랑을 받고 있다. 비틀스의 성장과 발전 모습은 어떠했나? 또 그러한 변동과정은 비틀스 자신들에게 어떤 의미였나?

422 롤링 스톤즈

김기범(영상 및 정보 기술원)

전설의 록 밴드 '롤링 스톤즈'. 그들의 몸짓 하나하나는 우리가 생각하는 것보다 훨씬 더 탁월한 수준의 음악적 깊이, 전통과 핵심에 충실하려고 애쓴 몸부림의 흔적들이 존재한다. 저자는 '롤링 스톤즈'가 50년 동안 추구해 온 '진짜'의 실체에 다가가기 위해 애쓴다. 결성 50주년을 맞은 지금도 구르기(rolling)를 계속하게 하는 힘. 이 책은 그 '힘'에 관한 이야기다.

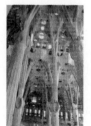

127 안토니 가우디 아름다움을 건축한 수도사

손세관(중앙대 건축공학과 교수)

스페인의 세계적인 건축가 가우디의 삶과 건축세계를 소개하는 책. 어느 양식에도 속할 수 없는 독특한 건축세계를 구축하고 자연과 너무나 닮아 있는 건축가 가우디. 이 책은 우리에게 건축물의 설계가 아닌, 아름다움 자체를 건축한 한 명의 수도자를 만나게 해준다.

131 안도 다다오 건축의 누드작가 `eBook`

임재진(홍익대 건축공학과 교수)

일본이 낳은 불세출의 건축가 안도 다다오! 프로복서와 고졸학력, 독학으로 최고의 건축가 반열에 오른 그의 삶과 건축, 건축철학에 대해 다뤘다. 미를 창조하는 시인, 인간을 감동시키는 휴머니즘, 동양사상과 서양사상의 가치를 조화롭게 빚어낼 줄 아는 건축가 등 그를 따라다니는 수식어의 연원을 밝혀 본다.

207 한옥 `eBook`

박명덕(동양공전 건축학과 교수)

한옥의 효율성과 과학성을 면밀히 연구하고 있는 책. 한옥은 주위의 경관요소를 거르지 않는 곳에 짓되 그곳에서 나오는 재료를 사용하여 그곳의 지세에 맞도록 지었다. 저자는 한옥에서 대들보나 서까래를 쓸 때에도 인공을 가하지 않는 재료를 사용하여 언뜻 보기에는 완결미가 부족한 듯하지만 실제는 그 이상의 치밀함이 들어 있다고 말한다.

114 그리스 미술 이야기 `eBook`

노성두(이화여대 책임연구원)

서양 미술의 기원을 추적하다 보면 반드시 도달하게 되는 출발점인 그리스의 미술. 이 책은 바로 우리 시대의 탁월한 이야기꾼인 미술사학자 노성두가 그리스 미술에 얽힌 다양한 이야기를 재미있게 풀어놓은 이야기보따리이다. 미술의 사회적 배경과 이론적 뿌리를 더듬어 감상과 해석의 실마리에 접근하는 또 다른 시각을 제공하는 책.

382 이슬람 예술 `eBook`

전완경(부산외대 아랍어과 교수)

이슬람 예술은 중국을 제외하고 가장 긴 역사를 지닌 전 세계에 가장 널리 분포된 예술이 세계적인 예술이다. 이 책은 이슬람 예술을 장르별, 시대별로 다룬 입문서로 이슬람 문명의 기반이 된 페르시아·지중해·인도·중국 등의 문명과 이슬람교가 융합하여 미술, 건축, 음악이라는 분야에서 어떻게 표현되었는지 설명한다.

417 20세기의 위대한 지휘자　eBook

김문경(번리사)

뜨거운 삶과 음악을 동시에 끌어안았던 위대한 지휘자들 중 스무명을 엄선해 그들의 음악관과 스타일, 성장과정을 재조명한 책. 전문 음악칼럼니스트인 저자의 추천음반이 함께 수록되어 있어 클래식 길잡이로서의 역할도 톡톡히 한다. 특히 각 지휘자들의 감각있고 개성 있는 해석 스타일을 묘사한 부분은 이 책의 백미다.

164 영화음악　불멸의 사운드트랙 이야기　eBook

박신영(프리랜서 작가)

영화음악 감상에 필요한 기초 지식, 불멸의 영화음악, 자신만의 세계를 인정받는 영화음악인들에 대한 이야기를 담았다. 〈시네마천국〉〈사운드 오브 뮤직〉 같은 고전은 물론, 〈아멜리에〉〈봄날은 간다〉〈카우보이 비밥〉 등 숨겨진 보석 같은 영화음악도 소개한다. 조성우, 엔니오 모리꼬네, 대니 앨프먼 등 거장들의 음악세계도 엿볼 수 있다.

440 발레　eBook

김도윤(프리랜서 통번역가)

〈로미오와 줄리엣〉과 〈잠자는 숲속의 미녀〉는 발레 무대에 흔히 오르는 작품 중 하나다. 그런데 왜 '발레'라는 장르만 생소하게 느껴지는 것일까? 저자는 그 배경에 '고급예술'이라는 오해, 난해한 공연 장르라는 선입견이 존재한다고 지적한다. 저자는 일단 발레라는 예술 장르가 주는 감동의 깊이를 경험하기 위해 문 밖을 나서길 원한다.

194 미야자키 하야오　eBook

김윤아(건국대 강사)

미야자키 하야오의 최근 대표작을 통해 일본의 신화와 그 이면을 소개한 책. 〈원령공주〉〈센과 치히로의 행방불명〉〈하울의 움직이는 성〉이 사랑받은 이유는 이 작품들이 가장 보편적이면서도 가장 일본적인 신화이기 때문이다. 신화의 세계를 미야자키 하야오의 작품과 다양한 측면으로 연결시키면서 그의 작품세계의 특성을 밝힌다.

예술

eBook 표시가 되어있는 도서는 전자책으로 구매가 가능합니다.

㈜살림출판사
www.sallimbooks.com
주소 경기도 파주시 문발동 522-1 | 전화 031-955-1350 | 팩스 031-955-1355